JN070485

増補版

こんなときどうする!?

社会保険・給与計算

ミスしたときの対処法と防止策31

社会保険労務士法人 名南経営
特定社会保険労務士

宮武貴美 著 TAKAMI MIYATAKE

労務行政

はじめに（増補版）

　本書の初版を世の中に送り出したのが2018年7月。世の中に多くある社会保険手続きの解説や給与計算手順を示した本とは異なる趣旨で、ミスをした事例や誤りやすい事例を取り上げ、そのリカバリー策や防止・改善策をまとめた内容にしました。

　多くの読者から「同じようなミスをしたときにリカバリーできました」「おわび文のひな型を使わせてもらいました」「チェックリストをアレンジして使っています」という感想をいただき、それがうれしくもあり、驚きでもありました。

　あれから5年。増補版では事例ごとにコンパクトに解説するコンセプトはそのままに、この5年間で多く行われた法令改正を盛り込みました。当初、新しい事例を入れることを検討したものの、やはり「あるある」の事例が盛り込まれているほうがよいと思い直し、初版の事例はほぼ変えず、1事例のみ追加するということで書き上げました。

　社会保険の手続きと給与計算の手続きは、ミスなく、正確にできて当然と考えられがちな業務です。しかしながら、実際に行うと、多くの法令が絡み合い細かなルールが存在し、イレギュラーが多発し、ミスや間違いの発生を撲滅することがとても難しい業務であるとわかることでしょう。

　本書を手に取り、事前に目を通していただくことで、本書が「転ばぬ先の杖」となり、読者のみなさまの業務がミスなく正確にできるようになれば、とてもうれしく思います。

　2023年4月

特定社会保険労務士　宮武貴美

※本書は、2023年4月20日現在の法令に基づき記載しています。

こんなときどうする!?
第1章 入社・異動

こんなときどうする⁉
第**2**章 **事故発生**

労災事故が発生したときのケース

こんなときどうする⁉
第**3**章 **出産・育児**

産前産後休業・育児休業・子どもの養育を巡るケース

第4章 こんなときどうする⁉ 賞与

賞与の支給に関するケース

賞与の控除に関するケース

第5章 こんなときどうする⁉ 年末調整

所得控除に関するケース

【ダウンロード可能】書式・チェックシート一覧

ご購入者特典

本書をご購入いただくと、ヌケモレなく業務を進めるためのチェックリストや
社内書式（ファイル）がダウンロードできます。

収録されている図表のうち左記のマークが付いて
いるものについて、WEBサイトからダウンロード
してください。

ダウンロードの方法について

労政時報オンラインストア（**https://www.rosei.jp/store**）トップページのオン
ラインストアメニュー＞書籍＞**ご購入者特典ダウンロード集**より、ご利用いた
だけます。

画面の案内に従って、パスワードを入力してください。

ご購入者特典をご利用いただくには会員登録が必要になります。

なお、本ダウンロードサービスは、予告なく終了する場合がございます。

ご購入者特典　パスワード

8 T r 6 3 h a 4 m

第1章

こんなときどうする !?

入社・異動

CASE 1 入社したパートタイマーの社会保険・雇用保険の手続きを忘れていた！

Q 当社では、営業所単位でパートタイマーの採用を行っており、入社決定の際には本社まで連絡をしてもらい社会保険等の手続きをしています。今回、給与計算をする際に、1カ月前に入社したパートタイマーに関する連絡が届いていなかったことから、本来であれば入社時に社会保険（健康保険・厚生年金保険）と雇用保険の手続きをしなければならないのに、できていなかったようです。どうすればよいでしょうか？

A 社会保険は加入要件に該当したときに必ず加入するため、速やかに入社日にさかのぼって手続きをします。今後は、採用決定連絡表を利用するなどして、採用が決定したときに営業所から本社へ連絡をしてもらう方法を考えましょう。

これだけは押さえたい！

社会保険では、正社員はすべて被保険者となり、パートタイマーやアルバイト等（以下、パートタイマー等）であっても、1週間の所定労働時間および1カ月の所定労働日数が正社員の4分の3以上（以下、4分の3基準）の人は被保険者となります。

さらに、厚生年金保険の被保険者数が常時101人（2024年10月からは常時51人）以上の企業（特定適用事業所）や、特定適用事業所に該当しないものの労使の合意に基づき申し出をした事業所

（任意特定適用事業所。以下、二つ併せて特定適用事業所）に勤務するパートタイマー等は、4分の3基準を満たしていなくても、1週間の所定労働時間が20時間以上あり、賃金の月額が8万8000円以上であることといった一定の要件を満たした場合には、社会保険に加入することになります。なお、健康保険は75歳未満、厚生年金保険は70歳未満が加入対象です。

　雇用保険については、適用事業所で勤務する正社員のほか、パートタイマー等については、原則として1週間の所定労働時間が20時間以上であり、引き続き31日以上の雇用見込みがある場合に、被保険者となります。

　これらの加入要件を満たしたときに被保険者の資格取得手続きを行いますが、その期限はそれぞれ、社会保険は加入要件に該当した日から5日以内、雇用保険は加入要件に該当した日の属する月の翌月10日までとなっています。

何をすべきか〜リカバリー策

1. 社会保険の手続きと留意点

(1) 入社時点にさかのぼる

　このケースでは、採用したパートタイマーが入社したときから加入要件を満たしていたのであれば、入社日にさかのぼって手続きを行います。

　提出期限を過ぎていても届け出る書類に変わりはなく、加入要件を確認できる書類の添付も不要です。年金事務所の事業所調査が実施されるときには、内容の確認が行われることになっています。

　取得の手続きが完了すると、当然ながら資格取得日にさかのぼって社会保険料が発生することになり、年金事務所から会社に対して、さかのぼって必要となる社会保険料を上乗せした額が通知され

ます。そのため、従業員から社会保険料を徴収していない（社会保険料を給与から控除していない）場合には、追加で徴収します。

　従業員にとって社会保険料の負担は大きいので、さかのぼる期間が長くなり徴収すべき額が多額となる場合には、どのような方法で徴収するのかを事前に従業員と相談したほうがよいでしょう。

(2) 加入していた社会保険の変更手続き

　会社が行う社会保険の資格取得手続きと並行して、従業員は、それまで加入していた社会保険の資格喪失手続きを行う必要があります。この手続きは、従業員が加入していた健康保険や年金の種類により異なります。

　例えば、国民健康保険に加入し、国民年金第1号被保険者であったときには、国民健康保険の資格喪失手続きを市（区）役所または町村役場で行います。国民年金に関しては第1号被保険者から第2号被保険者になりますが、これは会社が厚生年金保険の資格取得手続きを行うことで自動的に変更となるため、特段の手続きは必要ありません。

　このほかにも、配偶者の健康保険の被扶養者および国民年金の第3号被保険者であった人を新たに社会保険に加入させるときには、従業員の配偶者がその勤務する会社を通じ、配偶者の健康保険（被扶養者）から外れる手続きを行うことになります。国民年金に関し

📋 用語

	該当者
第1号被保険者	20歳以上60歳未満の自営業者、学生、無職の人とその配偶者（厚生年金保険や共済組合等に加入しておらず、第3号被保険者でない人）
第2号被保険者	厚生年金保険や共済組合等に加入している会社員や公務員（65歳以上の老齢基礎年金などを受ける権利を有している人は除く）
第3号被保険者	第2号被保険者に扶養されている配偶者で、原則として年収が130万円未満の20歳以上60歳未満の人

Column **国民年金の資格取得・資格喪失・種別変更**

　日本に住んでいる20歳以上60歳未満の人は原則として国民年金に加入することになっています。国民年金の被保険者は第1号被保険者、第2号被保険者および第3号被保険者に分類されており、その人の状況により、これらの種別が変わることがあります。本文の一部では、分かりやすくするために、この種別が変わることに対して資格の「取得」や「加入」「喪失」という単語を用いていますが、例えば第1号被保険者から第2号被保険者に変わるときは種別の「変更」（種別変更）であり、資格を「喪失」して「取得」するわけではありません。

　一方で、厚生年金保険には種別がないことから、会社に就職し第2号被保険者となるときは厚生年金保険の資格を取得し、会社を退職し第2号被保険者から第1号被保険者等となるときは厚生年金保険の資格を喪失します。時折、第2号被保険者の資格喪失という表現を用いることもありますが、国民年金の被保険者として考えるのであれば、第2号被保険者から第1号被保険者等への種別変更になります。

ては第3号被保険者から第2号被保険者になりますが、こちらも第1号被保険者から第2号被保険者への変更と同様に会社が厚生年金保険の資格取得手続きを行うことで、自動的に変更されます。

(3) その他生じる事項

　これらの手続きを行ったことで過納となる国民健康保険料や国民年金保険料がある場合には、後日、還付されます。

　上記の手続きにより、会社での資格取得日と従来加入していた社会保険の資格喪失日が同じとなりますが、資格喪失日以降にそれまでの健康保険証を医療機関の窓口に提示して治療を受けたときには、原則としてその医療費についても健康保険の保険者の切り替え

が必要になります。具体的には、資格喪失する健康保険から受けた医療費の保険者負担分（7割）をいったん、従業員が保険者に返還（立て替え）し、新たに資格取得した健康保険の保険者にその額を請求することになります。

2. 雇用保険の手続きと留意点

　雇用保険についても、前記 **1.** と同様に本来の資格取得日である入社日にさかのぼって手続きを行うことになりますが、提出期限を過ぎた場合には、労働者名簿や賃金台帳、出勤簿等の写しを添付することが求められます。

　雇用保険料も資格取得日にさかのぼって発生することから、従業員から雇用保険料を徴収していない場合には、追加で徴収します。なお、雇用保険料は、月ごとに給与に雇用保険率を乗じて計算するため、月ごとの給与額を確認して雇用保険料を計算します。

　年度（4月から翌年3月）をまたいでさかのぼって資格を取得する場合、前年度分の雇用保険料を徴収しなければならないケースもありますが、雇用保険率は年度によって（2022年度には年度の途中〔10月〕から）改定されることが多いため、さかのぼって計算する際は、雇用保険料の計算を誤らないよう注意が必要です。また、労働保険の年度更新により、すでに確定保険料を計算・納付した年度の日付までさかのぼる場合には、確定した年度の年度更新の内容を修正することも必要となります（**CASE29** 参照）。

3. 手続きにかかる時効

　社会保険の保険料の徴収の時効が2年であることから、さかのぼることのできる期間は届け出日から数えて最長2年です。また、雇用保険の保険料の徴収の時効も2年であるため、同様に最長2年が原則ですが、雇用保険料を従業員の給与から控除していたにも

かかわらず手続きが漏れていた場合には、2年を超えてさかのぼることが可能です。

　社会保険は、「健康保険証が届かない」といった従業員からの問い合わせによって手続き漏れが発覚することがありますが、雇用保険は、雇用保険被保険者証が発行されるものの利用する機会が少ないため、長期間手続きを漏らしていることに気づかず、放置されていることもあります。手続き漏れが発覚したときは、雇用保険料を給与から控除していたかも確認して手続きを進めましょう。

今後のために〜防止・改善策

　今回のミスが発生した最大の原因は、営業所から本社に対して入社に関する連絡が行われなかったことにあります。入社時には、誓約書や身元保証書等、会社の任意で従業員に提出を求めるものや、労働条件通知書の交付、制服や社員証の手配といった会社が行う手続き等、さまざまなタスクが存在します。また、社会保険等の手続きも、正確に行わなければなりません。

　したがって、特に採用活動を営業所単位や部署単位で直接行っている場合には、これらの手配をいつ、誰がどのように準備し、どこで情報を集約するのかを決めておくとよいでしょう。

　その情報を把握し、集約する方法はさまざまですが、例えば、図表1-1のような採用決定連絡表を、最終的に採用を決定した営業所や部署の責任者が作成し、本社が回収することが考えられます。なお、この連絡表では一般的な情報を記載しているため、自社で共有すべき情報を適宜盛り込んで対応を進めると、より効果的です。

　採用が決定した後は、さまざまな手続きが発生するため、図表1-2のようなチェックリストを用いて管理することが考えられます。

図表 1-1　採用決定連絡表（例）　　

採用決定連絡表

作成日：　　　年　　月　　日
作成者：

部　署	（正社員・パート）	（ふりがな）氏　名		性別 男・女
住　所	〒 TEL メール			
生年月日	年　　月　　日（　歳）	入社日	年　　月　　日	
所　定 労働日	月・火・水・木・金・土・日 不定期（週　　日程度）	雇用 期間	無期 有期（入社日～　　年　月　日 　　　まで）	
労働時間	始業：　　　時　　　分　　　終業：　　　時　　　分 始業：　　　時　　　分　　　終業：　　　時　　　分 　　　　※不定期・シフトの場合（１週間　　　　　時間）			
社会保険 加　　入	健康保険・厚生年金保険（加入・非加入）　※目安…週30時間以上［注］ 雇用保険（加入・非加入）　※目安…週20時間以上			
給与額	基本給（月給・時給：　　　　円）　通勤手当（月額・日額：　　　　円） その他の手当（　　　　　　　　　　　　　　　　　　　　　　　） 　　　→１カ月の見込み給与合計額（　　　　　　　　　　円）			
備　考				

［注］　特定適用事業所の場合には、社会保険の加入目安は「週20時間以上」となる。

図表 1-2　入社手続きチェックリスト

入社手続きチェックリスト						

社員番号		(ふりがな) 氏名			部署	(正社員・パート)
住　所	〒			固定電話番号		－　　　－
				携帯電話番号		－　　　－
生年月日	年　　月　　日（　歳）		性別	男・女	入社（予定）日	年　　月　　日
社会保険	加入有　・　加入無		雇用保険		加入有　・　加入無	

［入社前手続き］

No.	送付書類	発送日	回収日	No.	送付書類	発送日	回収日
1	採用内定通知書	／	－	3	入社案内状	／	－
2	内定誓約書	／	／	4	身元保証書	／	／

［入社時手続き］

No.	内容	必要書類・手続き等	手続き先	提出時期	完了日
1	［社会保険］健康保険・厚生年金保険取得	□健康保険・厚生年金保険 被保険者資格取得届 ※マイナンバー	年金事務所	5日以内	／
2	［社会保険］扶養家族の健康保険加入	□健康保険被扶養者（異動）届 ※家族のマイナンバー、扶養を証明する書類	年金事務所	5日以内	／
3	［社会保険］配偶者の国民年金第3号加入	□国民年金第3号被保険者関係届 ※配偶者のマイナンバー	年金事務所	5日以内	／
4	［雇用保険］雇用保険取得	□雇用保険被保険者資格取得届 ※マイナンバー、雇用保険被保険者証	ハローワーク	翌月10日まで	／
5	［所得税］給与の甲欄源泉	□給与所得者の扶養控除等（異動）申告書	－	最初の給与支払い前に回収	／
6	［労働基準法］労働条件等の説明	□労働条件通知書 ※就業規則等	－	雇い入れ後すぐに	／
7	［社内書式］社員情報の収集	□新入社員諸事項届出書（任意様式） ※給与計算や社会保険手続きに必要なデータの回収	－	雇い入れ前後早めに	／

給与の支給に関するケース

CASE 2 | パートタイマーに給与を支払うのを忘れていた！

Q 当社は毎月15日を給与計算の締切日、当月25日を給与の支給日としています。今回、給与支給日の翌日に、あるパートタイマーから「給与が振り込まれる予定の銀行口座に昨日、振り込みがありませんでした」との申し出がありました。確認したところ、営業所からタイムカードが届いていなかったために、今月は勤務していないと判断し、このパートタイマーのみ給与計算を行っていませんでした……。

A 該当するパートタイマーの給与計算を速やかに行い、追加で支給してください。また、勤怠に関する連絡方法を見直し、役割を明確にすることで、給与計算の支給漏れをなくしましょう。

 これだけは押さえたい！

労働基準法では、給与の支払いについて、

①通貨で

②直接労働者に

③全額を

④毎月1回以上

⑤一定の期日を定めて支払わなければならない

――という5原則を規定しています（同法24条）。

また、労働条件の明示として、賃金の支払い方法や賃金の締め切

り・支払いの時期に関する事項を原則書面で明示するものと規定している（労働基準法施行規則5条）ため、給与を支給する際にはこれらの事項を遵守しなければなりません。

なお、給与の支給に当たってはその全額を支払うことが原則ですが、社会保険料や税金等、法令で定められているものは特段の手続きなく控除することができます。

何をすべきか～リカバリー策

1. 早急に給与を支給する

このケースでは、1カ月に1回の給与支給日に、支給すべき給与が支給されていないため、毎月1回以上支払うという労働基準法の規定に違反した状態になっています。当然、従業員に不愉快な思いもさせていることから、すぐに給与計算を行い、支給しなければなりません。

このように給与の支給漏れがあった場合、従業員の銀行口座から、水道光熱費や住宅ローン、クレジットカード等の引き落としができないといった影響も出てくるかもしれません。このような状況のときは、従業員の希望を確認し、通常の銀行振り込みではなく現金で支給することも考えたいところです。

2. 支給する給与の計算と、税金の納付

このケースでは、給与が一切支給されていない従業員1名に対してのみ、通常の給与計算を追加して行うことになります。

一般的には給与計算が完了すると、所得税や住民税を納付する手続きが進んでいることが多いため、追加で給与計算を行う従業員の分の所得税や住民税の納付が必要なときには、この従業員の給与から控除した分も含めた納付額に変更しなければなりません。そのた

め、所得税や住民税の納付状況を確認し、納付書の差し替え等、納付額の変更を行う必要が出てきます。

　なお、健康保険料・介護保険料・厚生年金保険料は、年金事務所等が計算し、通知する額を納付することから、あらためて給与計算を行うことで追加分の保険料が発生したとしても、所得税などとは異なり納付額の変更のような処理はありません。また、労災保険料・雇用保険料は年度単位で計算することになっているため、その年度単位の賃金集計に影響がない限り、納付に関して追加で処理すべきことはありません。

3. おわび文書の発行

　ミスは絶対に防ぎたいものですが、注意していても発生することはあり得ます。ミスをしたとき、会社は従業員に対し、その経緯や対応方法の説明が求められ、場合によっては、おわびの文書のようなものを発行することもあるでしょう。

　この文書は法律上、発行が必要なものではありませんが、会社に対する従業員の信頼を取り戻す方法の一つになりますので、図表1-3のような文例を参考に、必要に応じて作成することをお勧めします。

今後のために〜防止・改善策

　このケースでは、営業所からタイムカードが届いていなかったことがそもそもの問題です。タイムカードをきちんと回収するほか、あるべきはずの従業員のタイムカードが届いていなければ、「給与計算期間に1日も出勤しなかった」や、「実は先月、退職していた」等の理由を確認することが求められます。

　そのためには、例えばタイムカードの枚数を営業所で確認し、本

図表 1-3 給与計算の誤りに関するおわび（例）

○○○○殿

年　月　日

総務部長　○○○○

給与計算の誤りに関するおわび

今回、○月分の給与(給与支給日：○月○日)の計算において、下記の誤りがありましたので、ここに顛末を報告します。貴殿には多大なご迷惑をおかけし、申し訳ありませんでした。今後は、より一層、慎重な給与計算を行ってまいりますので、ご理解いただきたく、よろしくお願い申し上げます。

記

1. 給与計算の誤りの内容

貴殿の給与について、本来の支給日に給与が支給されませんでした。

2. 誤りが発生した原因

営業所から本社へ連絡されるべきタイムカードが届いていなかったため、勤怠情報が把握できず、支給額が０円として支給されない事態が発生しました。本来であれば、営業所の担当者が確実にタイムカードを届けるべきであり、受け取る総務担当者も勤務実績がないかの確認を行うべきであるところ、これらの対応をしていなかったことが、支給されなかった原因です。

3. 誤りに対する対応

すでに連絡させていただいたとおり、支給されるべき金額を早急に計算した上で、○月○日に所定の銀行口座へ振り込みを行っております。併せて、給与明細をお届けしていますので、内容のご確認をお願いします。

4. 今後の改善策

これまで行っていなかった、営業所でのタイムカードの枚数確認を行い、総務担当者に渡すようにします。総務担当者も、その枚数を確認するほか、内容に疑義があった場合には営業所の担当者に連絡することで、今回のようなミスはもちろんのこと、勤怠集計に関するミスも防止するようにします。また、給与計算後に前月と当月の支給人数の突き合わせをすることで、入退社以外での人数変動がないかを確認し、ずれが生じている場合には、その理由を突き止めるようにします。

5. 問い合わせ先

今回の件に関し、疑問点がある場合には、総務部長である私、または総務部○○までご連絡ください。責任をもって対応させていただきます。

以上

社へ届けるといったルールなどを作っておくとよいでしょう。その前提として、営業所から本社へ届くタイムカードが何枚あるべきなのかのリスト等を作成し、誰が確認するかを明確にしておくこと等の対策も考えられます。

近年は紙のタイムカードではなく、クラウド型の勤怠管理システムの利用も増えてきました。紙のタイムカードと比べて、このようなシステムの利用は、物（タイムカード）が届かないことでの気づきにくい処理の漏れや時間的な処理の遅れを防ぐことにもつながるでしょう。

給与計算は、従業員の個人情報や勤怠情報、社会保険に関する情報等さまざまな情報を基に行うことから、複数の人が関わる場合には、これらの情報を誰がどのように扱い、管理するのか、事前に役割分担を明確にしておくことが、ミスを防止するための要になります。

以下のような事例は、給与計算時のミスとしてしばしば発生し得ることですので、気をつけましょう。

- 割増賃金の支給対象者に、割増賃金を支給し忘れた
- すでに退職した従業員に、余分に給与を支給してしまった
- 休職中の従業員に、給与を支給してしまった
- 産前産後休業・育児休業等期間中の従業員に、給与を支給してしまった
- 社会保険の資格を喪失した従業員の社会保険料を控除してしまった
- 住民税の控除額が変更されたのに、従業員から控除する額を変更していなかった
- 役職手当を変更すべき従業員を間違えてしまった

なお、従業員の入社時の個人情報の収集には、**CASE1** で取り上げた「採用決定連絡表」（図表 1-1）を用いることが、考えられます。

給与から控除する健康保険料・厚生年金保険料の額を間違えた！

Q 「先月の給与から、社会保険料が急に上がりましたが、私が想像していた以上に保険料が高い気がするので、正しい額かどうかを確認してもらえませんか？」と、当社の従業員から問い合わせがありました。確認したところ、この従業員は月額変更により先月から標準報酬月額が変わったものの、誤って本来より１等級高い標準報酬月額を基に保険料の控除をしてしまったようです……。

A 控除し過ぎた社会保険料を返金しましょう。今後は年金事務所等に納付する社会保険料が、従業員負担分と会社負担分の合計と合っているかを突き合わせることで、ミスの防止や発見ができます。

これだけは押さえたい！

　会社や従業員が負担する健康保険料・介護保険料・厚生年金保険料は、従業員に支給する給与額に基づき決定される標準報酬月額を用いて計算されます。

　標準報酬月額は、資格取得時に決定し、定時決定（算定基礎）や随時改定（月額変更）により見直されます。決定・改定された標準報酬月額に基づく保険料は、適用された翌月の給与から控除し、退職者については、前月分と当月分の保険料（当月分が発生した場合に限る）を退職月に控除することになっています。実務上は、給与締切日と給与支給日の関係で、当月分の健康保険料・介護保険料・厚生年金保険料を当月に控除している会社もありますが、前月分を

📝 **用語**

本書では、定時決定を「算定基礎」と、随時改定を「月額変更」と表記しています。

	概要
資格取得時の決定	被保険者を雇用したときに就業規則や労働契約などの内容に基づいた報酬月額で標準報酬月額を決定する
定時決定（算定基礎）	7月1日現在で使用している全被保険者の3カ月間(4〜6月)の報酬月額に基づき、毎年1回、標準報酬月額を決定し直す
随時改定（月額変更）	被保険者の報酬が、昇（降）給等の固定的賃金の変動に伴って大幅に変わったときは、定時決定（算定基礎）を待たずに標準報酬月額を改定する

控除することが法令上の正確な取り扱いです（健康保険法167条1項、厚生年金保険法84条1項）。

　したがって、標準報酬月額が決定・改定され適用となるタイミングで、給与から控除する社会保険料の額を変更する必要があります。なお、そのほかのタイミングとしては、各保険料率が変更になったとき等があります。

📲 **何をすべきか〜リカバリー策**

1. 社会保険料の返金処理

(1) 控除し過ぎた場合

　このケースは、本来控除すべき社会保険料の額が誤っていたものであり、算定基礎や月額変更の届け出は正しく行われていたと思われることから、従業員本人が受け取ることのできる給付に影響はなく、社会保険の事務手続きについて修正することはありません。対応すべきは、控除し過ぎてしまった社会保険料を従業員に返金することです。

返金する額がさほど多くないときには、従業員の同意を得て、翌月の給与計算で控除すべき社会保険料を減額し調整することが実務的には多いかと思われます。

(2) 控除額が足りない場合

今回は控除し過ぎた事例ですが、反対に控除額が少なかったり、控除をし忘れていたということも発生し得る事案です。

法律では、退職時を除いて、前月分の社会保険料を控除できることから、裏を返せば、前月分以外の社会保険料は控除できないと判断すべきです。

社会保険料の控除額に誤りが発生したときに実務上よく行われる、前月分以外の社会保険料を控除するためには、賃金の全額払いの原則に抵触しないよう労使協定を締結しておくことが考えられます。控除できるものの一つとして、「調整の必要が生じた場合の前月分以外の各種社会保険料」といった文言を労使協定に入れておくとよいでしょう。

2. 所得税の再計算

(1) 所得税額の修正の考え方

従業員に給与を支給するときには、支給額に応じた所得税を控除する（源泉徴収する）ことが義務づけられています（所得税法6条）。給与から控除する所得税の額は、総支給額から通勤手当等の非課税となるものを除外し、健康保険料・介護保険料・厚生年金保険料・雇用保険料の社会保険料を控除した、「社会保険料等を控除した後の金額」と扶養親族等の数を基に算出します。

そのため、このケースのように社会保険料の控除額に誤りがある場合には、所得税の計算の基となる社会保険料等を控除した後の金額が修正されるため、結果として所得税の額も修正される可能性があります。

ここで問題となるのが、社会保険料の控除額を誤ってしまった月の所得税の計算を、本来控除すべき社会保険料を基にあらためて行うべきか、誤った社会保険料はそのままにして行うべきか、です。ミスが発生したときの対応まで法令には謳われていませんが、現在の法令からあるべき対応を見つけるとすれば、「給与等の支払の際控除される社会保険料」を控除した残額により所得税額の計算を行うものと規定されている（所得税法188条）ことから、社会保険料の控除額が誤っていたか否かにかかわらず、給与から実際に控除した社会保険料で計算すべきと解釈できます。

　したがって、社会保険料の調整を翌月の給与計算で行うのであれば、給与計算を誤った月の所得税はそのままとし、その翌月に、実際に控除した（修正分を含めた）社会保険料で所得税額を計算して調整するのが妥当でしょう。

(2) 控除額の誤りが年をまたぐ場合

　年末調整や確定申告の際に適用する社会保険料控除の額は、その年中に実際に支払った額（給与や公的年金等から差し引かれた額）が対象となります。

　もし、給与計算のミスにより、年をまたぐ形で社会保険料の控除額に誤りがあったとしても、本来控除すべき時点にさかのぼることはしないため、実際に従業員が社会保険料を支払った（給与から控除された）年の社会保険料の額を基に年末調整や確定申告を行うことになります。年をまたいだときの対応であっても、**CASE6** のような、支給すべき手当を給与計算の誤りによって支給しなかった場合とは異なるため、区別しておきましょう。

今後のために〜防止・改善策

　健康保険料・介護保険料・厚生年金保険料の徴収は年金事務所等

が行うことになっており、会社は、毎月の給与等から従業員が負担する保険料を控除し、会社が負担する保険料と併せて、翌月の末日までに年金事務所等に納付（口座振替の場合もあり）します。

　納付する額は、会社が提出した標準報酬月額の変更等に関する届け出の内容を基に年金事務所等が計算して、毎月20日ごろに「保険料納入告知額通知書」（以下、通知書）または「保険料納入告知書」（以下、告知書）により通知をし、会社はそれに基づき納付します。賞与支払届を提出したときの通知書や告知書の額は、賞与にかかる保険料の額が上乗せされたものとなります。

　このように考えると、従業員の給与や賞与から控除した健康保険料・介護保険料・厚生年金保険料の額と会社が負担すべき額の合計が納付額と当然一致することになるため、もし一致しないようであれば、従業員の給与から控除した額に誤りがある可能性があります。ただし、保険料を折半するときの端数処理の関係で若干、会社負担分が多くなる場合があることや、事業主が全額負担する子ども・子育て拠出金が上乗せされることも理解した上で、防止・改善策として活用しましょう。

　従業員の給与から控除する社会保険料の計算が合っている場合でも、**CASE1**のように社会保険の手続きが遅れた場合には、年金事務所等が計算する社会保険料に遅れて反映され通知されます。これも一致しない理由の一つとなります。

　なお、2023年1月10日から「オンライン事業所年金情報サービス」が始まっており、会社が日本年金機構に申し込むことで、毎月の社会保険料額情報等を通知書や告知書が到着する前にオンラインで確認できます。

　最後に、給与計算では確認すべきことが多く存在するため、図表1-4のようなチェックリストを用いて、給与計算の月の変更事項を中心に確認をしておきたいものです。

図表 1-4　給与計算チェックリスト

月分給与計算チェックリスト（　　月　　日（　）支給）

①基本内容

勤怠データ回収日	月　　日（　　）	休日日数	日
給与振込日	月　　日（　　）	支払基礎日数	日
要出勤日数	日	支払基礎時間	時間

②事前準備（全体編）

固定的内容の変更	固定で支給・控除する項目の変更	無・有
社会保険取得確認	社会保険・雇用保険の資格を取得した人	無・有
社会保険喪失確認	社会保険・雇用保険の資格を喪失した人	無・有
月額変更	今月より控除額が変更となる月額変更者	無・有
社会保険料率	今月より適用する社会保険料率の変更	無・有
社会保険対象年齢	40歳・65歳・70歳・75歳になった人	無・有
扶養親族異動確認	扶養親族等の増減	無・有

③事前準備（社員登録編）

新入社員登録	新入社員の個人情報（氏名・ふりがな・生年月日等）の登録	無・有
社員情報変更	既存社員の扶養親族や銀行口座の変更等	無・有

④勤怠項目・減額項目・割増賃金項目

勤怠入力	□出勤日　□出勤時間　□欠勤日　□遅刻・早退 □年休　□特別休暇　□法定休暇
遅刻・早退減額	無・有（→□計算式確認）
欠勤減額	無・有（→□計算式確認）
割増賃金	□算定対象賃金 □割増率（□時間外　□深夜　□休日　□60時間超）

⑤入社・退職・休職・産前産後休業・育児休業等・介護休業・短時間勤務

新入社員	□支給項目日割計算　□控除項目日割計算 ・社会保険料控除（無・有（→□標準報酬月額）） □支給方法
退職社員	□支給項目日割計算　□控除項目日割計算 ・社会保険料控除（無・有（→　　カ月分）） ・住民税控除（無・有（→当月分のみ・一括徴収））
休職者	無・有（→□支給額　□社会保険料控除有）
産前産後休業者	無・有（→□支給額・社会保険料控除（無・有））
育児休業者	無・有（→□支給額・社会保険料控除（無・有））
介護休業者	無・有（→□支給額　□社会保険料控除有）
短時間勤務者	無・有（→□支給額短時間割） ・割増賃金（無・有（→□計算式　□割増率））

⑥計算後チェック

処理人数	人（支給対象人数　　　人・支給なしの人　　　人）	
前月対比	前月と比較して大幅に増減した項目 　　無・有（→□支給項目　□控除項目　□社会保険料 　　　　　　　　□所得税　□住民税） ※有の場合は大幅に変わった理由を確認すること	
振込処理	各人の口座への振込処理 （振込口座のエラーが出なかったか）	無・有

⑦事後処理

給与明細の発行	給与明細の印刷・配布	□
納付書	所得税・住民税の納付書の作成・納付	□
退職者源泉	退職者の源泉徴収票の発行	□
住民税の異動	住民税の異動届の作成・提出	□
賃金台帳等保管	賃金台帳等のファイリング（最終確定したもの）	□
次月以降の申し送り	次月以降の給与計算に影響することの申し送り	□

家族の異動のケース

CASE 4 就職した家族を健康保険の被扶養者のままにしていた！

Q 「実は子どもが 3 カ月前に大学を中退し、正社員として就職をしていたのですが、会社に届け出るのを忘れていました」と言って、当社の従業員が、子どもの健康保険証を総務部に持ってきました。従業員が持ってきた健康保険証は、どうすればよいでしょうか？

- -

A 健康保険の扶養から削除する手続きをするとともに、正社員として就職した後の 3 カ月間に健康保険証を利用していないかを確認しましょう。今後は、従業員の扶養の状況を定期的に確認して、変更内容を把握するとよいでしょう。

これだけは押さえたい！

　所得税は「年収 103 万円の壁」、健康保険は「年収 130 万円の壁」とよくいわれますが、年収とされる「収入」の定義や扶養の範囲はそれぞれ違いがあり、同じように扱うことはできません。

　また、家族手当の支給ルールなどにおいても、会社独自で「扶養」の基準を決めていることもあるため、「扶養」という表現が何を指しているかを意識して対応することが実務上、重要となります。

　これらに加え、社会保険の適用拡大により、社会保険に加入する要件の一つである賃金月額 8 万 8000 円（**CASE1**）のおおよそ 12 倍である「年収 106 万円の壁」もいわれるようになりました。

何をすべきか〜リカバリー策

1. 健康保険における被扶養者の異動手続き

　３カ月前から被扶養者の要件を満たしていなかったこのケースでは、速やかに被扶養者の異動（削除）手続きを行います。

　被扶養者でなくなった日とは、就職をした日です。健康保険における被扶養者の異動届の提出期限は事実発生から５日以内ですが、被扶養者を削除する届け出が提出期限を過ぎたとしても、特に添付する書類等はありません。ただし、かなり前の年月にまでさかのぼる場合には、理由等に応じて年金事務所等から適宜照会が行われる可能性があります。状況に合わせて、個別に対応しましょう。

　会社が加入する健康保険（一部、健康保険組合に加入しているケースを除く）では、被扶養者ごとの保険料の徴収は行われていないため、被扶養者に関するさかのぼりの手続きを行ったとしても、従業員が負担する健康保険料を調整する必要はありません。

　ただし、被扶養者の年収の増加により、収入要件を上回った等の理由から被扶養者でなくなり、被扶養者であった人自ら国民健康保険にさかのぼって加入する場合には、さかのぼって加入する期間の国民健康保険料を被扶養者であった人自らが負担することになります。

　また、さかのぼって被扶養者でなくなる期間に健康保険証を利用して治療を受けていた場合には、**CASE1** と同様に医療費についての健康保険の保険者の切り替えが発生します。

2. 所得税の計算における扶養親族

　このケースにおいて、扶養していた子どもが所得税の計算において扶養親族となっていた場合は、これを機に毎月の源泉所得税の計算における扶養親族等の数を減らす必要があります。

　すでに従業員が提出している「給与所得者の扶養控除等（異動）

申告書」（以下、扶養控除等申告書）については、従業員自身が新しい内容を記載して再度提出する、あるいは、提出してある扶養控除等申告書から子どもの名前等を抹消することにより、その後に支給する給与から扶養親族等の数を変更します。所得税の計算における扶養親族等の数は、扶養控除等申告書が提出された以降に支給する給与から変更するため、健康保険の被扶養者の手続きのように、さかのぼって過去の給与計算を修正することはありません。

　ただし、年末調整はその年の年末現在の状況で行います。そのため、扶養親族の変更についてさかのぼる期間が年をまたぐときには、子どもを扶養親族から除いた年末調整のやり直し（以下、再年調）が必要です（再年調については第5章参照）。

💡 今後のために～防止・改善策

　このケースでは、3カ月という期間は経過しているものの、従業員自ら申し出をしてきたことから、さかのぼりの手続きを行うことができました。

　しかしながら、被扶養者でなくなったことの手続きが遅れれば、それだけ健康保険証が不適正に使用される期間が長くなり、医療費の精算手続き等が複雑になる可能性が高くなります。したがって被扶養者の異動に関する情報は、できるだけ適切なタイミングで把握しておくことが望まれます。

　その対策としては、従業員自身が扶養の範囲や要件を理解しておくことに加え、会社が定期的に扶養の確認を行うことが効果的でしょう。

　なお、今後マイナンバーカードと健康保険証の連携により、健康保険証の不適正な利用は減少するかもしれません。

　協会けんぽでは例年、1年に1回、被扶養者資格の再確認を行っ

図表 1-5　扶養家族の確認に関するお知らせ（例）

○年 3 月 1 日

従業員各位

総務部長　○○○○

扶養家族の確認に関するお知らせ

　まもなく 4 月になります。この時期はお子さまが就学や就職されると
いったご家族の異動が多く発生する時期です。そこで、下記のとおり扶
養の定義についてご案内しますので、ご家族の扶養の状況を確認いただ
き、変更（予定も含む）がある場合には、3 月 31 日までに所定の用紙
に記入の上、総務部までご提出ください。

記

　「扶養」という表現は一般的に耳にしますが、所得税・健康保険・家
族手当によって、その基準が分かれています。それぞれの範囲について
概要をまとめました。なお、これら以外の基準もありますので、判断に
迷うことがありましたら総務部までお問い合わせください。

1. 所得税の扶養等について

　所得税の扶養親族とは、従業員であるみなさまと生計を一にするご家
族（親、子、孫、兄弟姉妹等）で年間の合計所得金額が 48 万円以下（給与の
みの場合は給与収入が 103 万円以下）の方をいいます。そして、その年の
12 月 31 日現在の年齢が 16 歳以上の方は控除対象扶養親族として、み
なさまの所得から控除を受けることができます。
　なお、配偶者は年間の合計所得金額が 133 万円以下（給与のみの場合
は給与収入が 201 万 6000 円未満）の方は配偶者控除等を受けることが
できます。ただし、みなさまの年収等により若干の違いがあります。

2. 健康保険の扶養について

　健康保険の扶養（被扶養者）とは、従業員のみなさまのご家族（親、
配偶者、子、孫、兄弟姉妹等）で、みなさまが主として生計を維持して
いる家族です。生計を維持している基準は、ご家族の年収が各 130 万
円未満（60 歳以上や障害者の場合は 180 万円未満）です。なお、みな
さまの年収の半分未満であること等、その他、細かな基準があります。
　また、扶養の範囲であってもご家族自身が勤務先で健康保険に加入す
るときは、みなさまの扶養から外れます。

3. 家族手当の扶養について（当社基準）

　家族手当は当社独自の基準です。給与規程第○条にて、以下のとおりになっています。

> （家族手当）
> 第○条　家族手当は、次の家族を扶養している労働者に対し支給する。なお、扶養とは所得税の配偶者控除の対象者および扶養親族を指し、16 歳未満の子も含まれる。
> ① 配偶者　　　　　　　　　　　　月額　　5,000 円
> ② 18 歳未満の子　1 人につき　月額　10,000 円
> ③ 60 歳以上の父母　1 人につき　月額　　5,000 円

4. 扶養の該当・非該当一覧表

　ご家族の収入が給与収入のみであることを前提に上記 1. 〜 3. の基準をまとめると、以下のとおりとなります（○：扶養該当、×：扶養非該当）。年金収入がある場合、年金収入も加味して考えることが必要な場合があります。

①配偶者

	給与収入金額	103万円以下	103万円超 130万円未満	130万円以上 180万円未満	180万円以上 201.6万円未満	201.6 万円以上
60歳未満	所得税	○	○	○	×	×
	健康保険	○	○	×	×	×
	家族手当	○	×	×	×	×
60歳以上	所得税	○	○	○	○	×
	健康保険	○	○	○	×	×
	家族手当	○	×	×	×	×

※所得税は、給与収入金額 103 万円以下が配偶者控除、103 万円超 201.6 万円未満が配偶者特別控除に該当します。

②子

	給与収入金額	103 万円以下	103 万円超 130 万円未満	130 万円以上
16歳未満	所得税	×	×	×
	健康保険	○	○	×
	家族手当	○	×	×
16歳以上 18歳未満	所得税	○	×	×
	健康保険	○	○	×
	家族手当	○	×	×
18歳以上	所得税	○	×	×
	健康保険	○	○	×
	家族手当	×	×	×

③父母

給与収入金額		103万円以下	103万円超130万円未満	130万円以上180万円未満	180万円以上
60歳未満	所得税	○	×	×	×
	健康保険	○	○	×	×
	家族手当	×	×	×	×
60歳以上75歳未満	所得税	○	×	×	×
	健康保険	○	○	○	×
	家族手当	○	×	×	×
75歳以上	所得税	○	×	×	×
	健康保険	×	×	×	×
	家族手当	○	×	×	×

5. その他

　4月以外にもご家族の異動があったときには速やかに手続きをお願いします。手続きが遅れることにより、健康保険証の発行が遅れたり、家族手当の支給誤りが発生することになります。ご協力よろしくお願いいたします。

以上

ており、健康保険組合も同様に資格の再確認を独自に実施しています。まずは、このような機会でしっかりと確認をしておくとともに、特に異動が発生しやすい年度末には、図表1-5のような扶養家族の確認に関するお知らせを行うことで、従業員に扶養の確認を促しましょう。

　このとき、健康保険の被扶養者の確認のみならず、所得税や家族手当の扶養の確認も併せて実施するとよいでしょう。これにより、扶養の範囲や要件の違いを従業員に意識させ、健康保険のみならず、総合的な扶養の手続き漏れの防止策を講じることができます。

CASE 5 | 家族を扶養に入れる手続きを追加で行うことになった！

Q 当社の従業員から「妻が３カ月前に会社を辞めました。健康保険は任意継続の制度を利用しており、年金については国民年金保険料を自分で払っているのですが、年金は扶養になることができると聞きました。今からでも手続きをすることはできますか？」と問い合わせがありました。退職後は雇用保険の基本手当も受給せずに収入がなかったため、退職日の翌日から扶養になることができる状態だったようです……。

A 扶養の要件を満たしていたのであれば、退職日の翌日にさかのぼって国民年金第３号被保険者の手続きができます。家族の異動に際し、どのようなときに手続きが必要か、従業員にも分かるような工夫をしておくとよいでしょう。

これだけは押さえたい！

1. 退職後に加入する健康保険

　日本は国民皆保険制度となっているため、会社を退職することで、健康保険の被保険者でなくなったときには他の健康保険に加入する必要があります。一般的な選択肢は、①国民健康保険に加入する、②家族の健康保険の被扶養者となる、③加入していた健康保険の任意継続制度を利用する——の三つです。

　このうち、③にある任意継続制度は、会社の社会保険に加入していた人が退職（資格喪失）したとき一定の要件を満たしていれば、これまでの健康保険に継続して加入できるというものです。傷病手

当金や出産手当金は原則として支給されませんが、他の給付は資格喪失前と同じように受けることができます。

　任意継続被保険者については、任意の申し出による期間途中の資格喪失ができませんでしたが、2022年1月1日から、協会けんぽ等の保険者に資格喪失申出書を提出することにより、受理された日の属する月の翌月1日に資格を喪失することになりました。なお、就職し社会保険の適用事業所の被保険者となったとき等の一定の喪失事由に該当したときは、申し出することなく資格を喪失します。

2. 社会保険で配偶者を被扶養者にする手続き

　従業員の配偶者が社会保険の被扶養者になるときは、通常、健康保険の被扶養者の手続きと国民年金の第3号被保険者の手続きを同時に進めることになります。

　これらの手続きを行うときは、収入の要件を確認するための添付書類が必要になりますが、所得税の控除対象配偶者であるときには、原則として事業主の証明により添付書類を省略することができます。ただし、健康保険の被扶養者になった等の日を60日以上さかのぼるときは、省略することが認められません。

何をすべきか～リカバリー策

1. 任意継続被保険者と第3号被保険者

　このケースで任意継続制度を選択した理由は分かりませんが、健康保険料の負担が軽くなるといった想定から任意継続制度を利用したものの、家族の健康保険の被扶養者になれると後になって判明することが、まれに発生します。

　ただし、退職後に任意継続被保険者となっているときは、任意継続被保険者の資格を喪失しない限り健康保険の被扶養者になること

はできません。また、任意継続被保険者の資格をさかのぼって喪失
することはできません。

　このとき、任意継続被保険者の期間の国民年金は、通常第1号
被保険者になりますが、健康保険と国民年金は異なる制度であり、
任意継続被保険者であっても要件を満たしたときは第3号被保険
者になることができます。そのため、このケースでは、国民年金の
手続きとして第3号被保険者の資格取得手続きのみをさかのぼっ
て行うことになるでしょう。

　従業員の配偶者の退職日は3カ月前ですので、手続きの際は退
職証明書または雇用保険被保険者離職票のコピー等、退職日の翌日
から第3号被保険者の要件を満たしていたことが分かる書類を添
付する必要があります。その他、年金事務所から追加で添付書類の
提出を求められることがあれば、対応が必要になります。

　今後、健康保険の任意継続被保険者を継続することも考えられま
すが、任意継続被保険者の資格を喪失し、配偶者の健康保険の被扶
養者となることも考えられます。なお、これらの手続きを行うと国
民年金の第3号被保険者となった日と健康保険の被扶養者となっ
た日にはずれが生じます。

2. 所得税の計算における配偶者の扱い

　従業員の配偶者の退職前収入や従業員の収入によっては、源泉控
除対象配偶者に該当し、毎月の所得税の計算において、扶養親族等
の数に含めることができます。

　源泉控除対象配偶者として扱うためには、扶養控除等申告書を提
出することにより従業員が事前に申告することになっています。社
会保険の手続きと併せて、従業員に説明するとよいでしょう。

源泉控除対象配偶者とは

給与所得者（合計所得金額の見積額が900万円（給与所得だけの場合の給与等の収入金額が1095万円）以下の人に限る）と生計を一にする配偶者（青色事業専従者として給与の支払いを受ける人・白色事業専従者を除く）で、合計所得金額の見積額が95万円（給与所得だけの場合の給与等の収入金額が150万円）以下の人をいい、扶養控除等申告書に記載することになる。

今後のために〜防止・改善策

扶養の確認については、従業員に意識を高めてもらうことがもっとも重要です。しかし、どのようなケースで手続きが必要なのかは分かりづらいことから、図表1-6のような家族の異動に関連する一般的な手続きの一覧を作成の上、公開しておき、都度、届け出てもらう流れを作っておくとよいでしょう。

さらに可能であれば、図表1-7のような従業員向けのルールブックを作成すると、一覧だけでは分からない内容を分かりやすく伝えることができ、どのような手続きが必要かを従業員が理解しやすくなります。

図表 1-6　家族の異動に関連する一般的な手続き

家族の状況	手続き内容	手続きの結果
就職等したとき（年収が増えたとき）	健康保険の扶養の削除	健康保険証の返却
	所得税の扶養から除外	源泉所得税の増加
子どもが結婚したとき	健康保険の扶養の削除	健康保険証の返却
	所得税の扶養から除外	源泉所得税の増加
配偶者と離婚したとき	健康保険の扶養の削除	健康保険証の返却
	所得税の扶養から除外	源泉所得税の増加
	国民年金第 3 号被保険者から第 1 号被保険者等へ切り替え	
退職したとき	健康保険の扶養に追加	健康保険証の発行
	所得税の扶養に追加	源泉所得税の減少
	国民年金第 3 号被保険者への切り替え（配偶者のみ）	
出産するとき	出産の費用負担の軽減措置	一時金（出産育児一時金）の支給
	子どもを健康保険の扶養に追加	健康保険証の発行
	子どもを扶養控除等申告書の住民税に関する事項に追加	
75 歳になったとき	健康保険の扶養の削除	健康保険証の返却
亡くなったとき	健康保険の扶養の削除	健康保険証の返却
	葬式等の費用負担の軽減	一時金（埋葬料）の支給

図表 1-7　ルールブック（作成例）

配偶者が仕事を辞めたときの手続き

■健康保険・年金の扶養にすることができます（保険料不要）

　配偶者の今後の年収が 130 万円未満（60 歳以上の配偶者は 180 万円未満）であれば、健康保険や年金の扶養（第 3 号被保険者）にすることができます。年収とは、これまでのものは含まず、今後の収入のみで考えます。

〈従業員〉

　妻は正社員で働いていたので、1 月〜退職日（8 月）までの収入が 200 万円ありますが、扶養に入れるのですか？

　はい、今後の収入で考えますので、今後、働く予定がなく、収入がないのであれば、過去の収入にかかわらず、扶養に入れることができます。ただし、失業手当（雇用保険の基本手当）をもらっている間は原則として扶養に入れませんので、個別に相談してくださいね。

〈総務担当者〉

【提出するもの】
①健康保険被扶養者（異動）届
②国民年金第 3 号被保険者関係届
添付書類：退職証明書または雇用保険被保険者離職票のコピー（必要なとき）

CASE 6 子どもが生まれた社員に家族手当を支給するのを忘れていた！

Q 当社では、子ども1人につき、月額1万円の家族手当を支給しています。先月子どもが生まれた社員から、「今月から家族手当が支給されると思っていたのに、給与明細を見ても支給されていませんでした。いつから支給されますか？」との問い合わせを受けて調べたところ、健康保険の扶養に関する手続きは行っていたものの、今月から支給すべき家族手当の変更を忘れていたことが分かりました……。

A 本来支給すべき家族手当を計算し、追加で支給しましょう。この機会に、各種手当の支給開始および終了のタイミングを整理するとともに、家族の異動があったときの連絡表の整備を進めるとよいでしょう。

これだけは押さえたい！

　家族手当の支給に関しては法律上、特に定めがないことから、支給対象者の範囲は、会社独自に基準を設けることができます。健康保険の被扶養者や所得税の扶養親族を基準としている会社もあれば、特にそのような基準を設けずに家族がいることのみで支給対象とする会社もあります。

　家族手当を支給していないことも、問題はありません。会社として家族手当を支給する目的を考えて、制度を作ることが重要になります。

1. 不足分に関する速やかな計算と支給

このケースは、支給すべき給与の一部を支給していなかったものです。実務では、従業員の同意を得て、翌月以降の給与に上乗せして支給する対応が見られますが、本来は、不足額（1万円）を含めて速やかに給与計算をやり直し、追加支給するべきでしょう。追加で支給する際には、所得税等の取り扱いも加味して再計算することとなります。

ここでは、リカバリーするときにも考えておかなければならない、各種手当を支給する際に問題となりやすい点を整理することとします。所得税の取り扱いについては **CASE4** とは反対の考え方になるのみですので、ここでは割愛します。

2. 各種手当の支給基準の確認

手当については、いつから支給するのか、あるいは、いつから支給をやめるのかが問題となります。

例えば、給与計算期間の途中に子どもが生まれ、新たに家族手当の支給対象となる場合、手当の支給を開始するタイミングとして、以下のようなルールが考えられます。

①当月は日割計算により支給し、翌月から満額を支給する

②給与計算期間の前半に異動があった場合には当月から、後半に異動があった場合には翌月から支給する

③翌月から満額を支給する

従業員間の公平性をできるだけ保つのであれば①となりますが、日数を数えることや、個別に計算する（日割りでの支給額を確認するための計算も含む）といった対応が求められるため、給与計算のミスが発生しやすくなります。

それを考慮すると、②または③の方法を選択することが考えられ

ます。ただし、各種手当の支給ルールは会社が独自に設定できるために正解はなく、①〜③以外の方法で行っても問題ありません。

給与規程を確認すると、手当の支給額や、入退社時や欠勤時の日割計算のルールはあっても、手当の支給開始・終了時期の細かなルールがないことがあります。ルールがないことで場当たり的な対応になったり、対応に一貫性がないことにならないよう、ルールを決め、給与規程に記載することが必須です。

3. 支給漏れおよび過支給時の対応ルール

このケースでは、家族手当が支給されていないことがすぐに判明しましたが、実務では、数カ月間支給していないケース（支給漏れ）や、手当の支給基準に該当しなくなっていたにもかかわらず支給し続けていたケース（過支給）が見られます。

申請の遅れが長期間になればなるほど、家族手当の支給に係ることのみでなく、所得税や社会保険料の調整をする手続きが複雑となります。特に過支給の場合には、従業員から会社への返金額が増え、返金に同意しない従業員が出てくることも想定されることから、以下のようなルールを作って給与規程に記載し、支給漏れおよび過支給の際の取り扱いも明確にしておくとよいでしょう。

①支給基準に該当したときは、従業員から申請があった日を異動日として、支給の対象とする

②支給基準に該当しなくなったときは、該当しなくなった日にさかのぼり、支給の対象から除外する。その際、過支給があったときには、過支給となった手当の全額を会社に返金する

特に家族の異動については、従業員から申請がない限り会社が把握することは難しく、支給漏れや過支給の状況が発生しやすいため、注意が必要です。

なお、家族手当は割増賃金の基礎となる賃金から除外できます

が、割増賃金の基礎となる賃金に含まれる手当をさかのぼって変更した場合には、割増賃金の額も連動して変更する必要が出てきます。**CASE7**でこの事例を取り上げていますので、該当する事案が発生したときには、これを参考にしながら適切に処理を進めましょう。

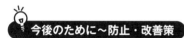
今後のために〜防止・改善策

1. 扶養家族の異動に関連する手続き連絡表の整備

扶養家族に異動があった場合、さまざまな手続きを行うことになります。それを抜け漏れなく実施するには、図表1-8のような「扶養家族異動連絡表」を用意し、従業員が適切に申請できるようにすることが効果的です。

この書式には、社会保険の手続きや給与計算とは直接関係しない、慶弔見舞金等に関することも盛り込んであります。こうした項目を盛り込むことで、該当者から漏れなく申請してもらえるほか、会社として対応しなければならないことが網羅できます。

2. 扶養家族に関する定期的な確認

扶養家族の異動には、健康保険や所得税、家族手当などさまざまな手続きが絡むこととなりますが、手続きが遅れるに従い、手間が増えることは明らかなことから、**CASE4**で取り上げた「扶養家族の確認に関するお知らせ」（図表1-5）等で定期的な確認を行い、従業員からの申請漏れを防ぎましょう。

図表 1-8　扶養家族異動連絡表（例）

扶養家族異動連絡表（扶養 増・減）

年　　月　　日

社員番号：＿＿＿＿＿＿＿＿＿＿＿

氏　　名：＿＿＿＿＿＿＿＿＿＿＿

（ふりがな）家族の氏名		性　別	男　・　女
		続　柄	
住　所	（　同居・別居 → 住所を記載　）〒	生年月日	年　月　日
		異 動 日	年　月　日
		年　収	万円
異動原因	出生・結婚・離婚・死亡・その他（　　　　　　　　）		

社会保険（被扶養者）	異動前	対象・対象外	異動後	対象・対象外
	※別途、被扶養者異動届の提出が必要。対象外となるときは健康保険証を添付すること。			
所得税（扶養親族）	異動前	対象・対象外	異動後	対象・対象外
	※別途、給与所得者の扶養控除等（異動）申告書の提出が必要。			
家族手当	異動前	対象・対象外	異動後	対象・対象外
慶弔関係	慶弔見舞金の支給（　有（支給額：　　　円）　・　無　）供花（　有（送り先を別紙に記載）　・　無　）			

※1枚の用紙に扶養家族1名のみを記載すること。

CASE 7 | 支給した残業代の金額（残業単価）が間違っていた！

Q 当社では、役職に応じた役職手当を毎月支給しています。係長に昇進した従業員から、「新たに役職手当が支給されると、残業代の単価も上がると思っていたのですが、以前と変わらないようです。計算が間違っていないか、確認してもらえませんか？」との問い合わせがありました。そこで確認したところ、役職手当が割増賃金の基礎となる賃金に含まれていなかったことが判明しました……。

A 本来支給すべき残業単価を算出した上で差額を計算し、追加で支給します。割増賃金の計算根拠を確認するとともに、間違いの原因と推測される給与計算ソフトの設定を確認しましょう。

これだけは押さえたい！

　一般的には所定労働時間を超えた労働のことを「残業」、その労働に対して支払われる給与を「残業代」と呼んでいます。

　労働基準法では、法定労働時間を超える労働や法定休日の労働、深夜時間帯の労働に対して通常の賃金に割り増しした給与を支払うことを規定しており、それを「割増賃金」と呼んでいます（同法37条）。ここでの残業代はこの割増賃金の一つを指していると思われることから、割増賃金の計算方法を確認しておきます。

> 割増賃金額
> ＝ 1 時間当たりの賃金額（A）×
> 　　割増賃金率（B）×
> 　　法定時間外労働・法定休日労働・深夜労働の時間数（C）

　割増賃金額の計算の要素は、次の A ～ C の三つあります。

A　1 時間当たりの賃金額

　1 時間当たりの賃金額とは、所定労働時間の労働に対して支払われる 1 時間当たりの賃金額であり、いわゆる「時間給」に当たります。月給者の場合、基本給のほかに各種手当を含めたものを、1 カ月の所定労働時間数で除して算出しますが、このとき、以下の①～⑦は労働と直接的な関係が薄く、個人的事情に基づいて支給されるものであるため、割増賃金の基礎となる賃金から除外できることになっています（労働基準法 37 条 5 項、同法施行規則 21 条）。

①家族手当

②通勤手当

③別居手当

④子女教育手当

⑤住宅手当

⑥臨時に支払われた賃金

⑦ 1 カ月を超える期間ごとに支払われる賃金

　この除外できる賃金は限定列挙（ここに掲げるもの以外は除外することが認められないもの）であり、これらに該当しないものは、すべて割増賃金の基礎となる賃金として算入します。手当の名称で判断されるわけではなく、図表 1-9 に掲げるように、具体的な範囲が定められています。

　特に住宅手当の支給などでは、誤った解釈が見られることから、図表 1-9 を参考に、確認しておくことが求められます。

図表 1-9 割増賃金の基礎となる賃金から除外できる
家族手当・通勤手当・住宅手当の具体的範囲

①家族手当

割増賃金の基礎から除外できる家族手当とは、<u>扶養家族の人数またはこれを</u><u>基礎とする家族手当額を基準として算出した手当</u>をいう。

具体例	除外できる例	扶養家族のある従業員に対し、家族の人数に応じて支給するもの。 (例) 扶養義務のある家族 1 人につき、1 カ月当たり配偶者 1 万円、その他の家族 5000 円を支給する場合。
	除外できない例	扶養家族の有無、家族の人数に関係なく一律に支給するもの。 (例) 扶養家族の人数に関係なく、一律 1 カ月 1 万 5000 円を支給する場合。

②通勤手当

割増賃金の基礎から除外できる通勤手当とは、<u>通勤距離または通勤に要する</u><u>実際費用に応じて算定される手当</u>をいう。

具体例	除外できる例	通勤に要した費用に応じて支給するもの。 (例) 6 カ月定期券の金額に応じた費用を支給する場合。
	除外できない例	通勤に要した費用や通勤距離に関係なく一律に支給するもの。 (例) 実際の通勤距離にかかわらず 1 日 300 円を支給する場合。

③住宅手当

割増賃金の基礎から除外できる住宅手当とは、<u>住宅に要する費用に応じて算定</u><u>される手当</u>をいう。

具体例	除外できる例	住宅に要する費用に定率を乗じた額を支給するもの。 (例) 賃貸住宅居住者には家賃の一定割合、持家居住者にはローン月額の一定割合を支給する場合。
	除外できない例	住宅の形態ごとに一律に定額で支給するもの。 (例) 賃貸住宅居住者には 2 万円、持家居住者には 1 万円を支給する場合。

資料出所：厚生労働省「割増賃金の基礎となる賃金とは？」

B　割増賃金率

　割増賃金率は、図表 1-10 のとおり労働基準法で最低基準が決められています（同法 37 条 1 項）。割増賃金率はこの定めを下回らない範囲で就業規則（給与規程等）において定める必要があります。

　図表 1-10 にある法定時間外労働の限度時間とは、労働基準法 36 条 4 項に定める限度時間のことであり、原則として 1 カ月 45 時間・1 年 360 時間（3 カ月を超える 1 年単位の変形労働時間制の場合、1 カ月 42 時間・1 年 320 時間）であり、限度時間を超えた時間に対しては法定の割増賃金率を超える率とするよう<u>努めること</u>とされています。

C　法定時間外労働・法定休日労働・深夜労働の時間数

　割増賃金額を計算するためには、**B**の割増賃金率ごとに時間数を集計します。2023 年 4 月より企業規模を問わず、1 カ月当たりの法定時間外労働が 60 時間を超えた場合、60 時間を超えた法定時間外労働に対し割増賃金率 50％以上の支払いが義務づけられました。そのため、法定時間外労働が 60 時間を超えたときには別途集計をする必要があります。

　なお、法定時間外労働、法定休日労働および深夜労働ごとに 1 分単位で労働時間を集計し、割増賃金を計算することが原則です。

図表 1-10　割増賃金率

種類	内容	割増賃金率
法定時間外労働	法定労働時間（原則 1 日 8 時間・1 週 40 時間）を超えたとき	25％以上
	法定時間外労働の限度時間を超えたとき	25％以上
	法定時間外労働が 1 カ月当たり 60 時間を超えたとき	50％以上
法定休日労働	法定休日（原則 1 週に 1 日）に労働させたとき	35％以上
深夜労働	深夜時間（22 時から翌 5 時）に労働させたとき	25％以上

給与を支払う際には、賃金台帳を作成する必要がありますが、賃金台帳には法定時間外労働、法定休日労働および深夜労働の労働時間数を記載することが義務づけられています（労働基準法108条、同法施行規則54条）。

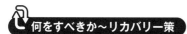
何をすべきか～リカバリー策

1. 割増賃金の再計算と追加支給

　このケースは、役職手当の支給が開始されたにもかかわらず、割増賃金を算出するための1時間当たりの賃金額を変えていなかったというものです。役職手当は割増賃金の基礎となる賃金から除外できる手当ではないため、割増賃金の基礎となる賃金に含めて正しい1時間当たりの賃金額を算出し、本来支給すべき割増賃金額を計算する必要があります。

　給与計算のミスにより、給与の一部が支給されていないことが発覚した場合は、当然、追加で支給することになりますが、このとき、その不足額をいつ支給するかが問題となります。

　役職手当の額や、時間外労働の時間数にもよりますが、給与の全額が支給されていないものと比較すると差額が小さく、支給されていないことに対する従業員の金銭的な負担も小さいと考えられることから、実務上は従業員本人の同意を得て、翌月の給与に上乗せして支給することが多いでしょう。

　しかしながら、本来、支給すべき給与が支給されていないことを考えると、**CASE2** で説明している全額払いの原則にも抵触するため、できる限り速やかに追加支給しましょう。

2. 所得税の正しい再計算方法

　上記 **1.** のとおり、支給すべき給与が支給されていないときは速

やかに追加支給すべきですが、実務上は従業員本人の同意を得て、翌月の給与に上乗せして支給することが多いという実態を踏まえた所得税の正しい計算方法を、ここでは確認しておきます。

　翌月の給与に上乗せして支給したとき、所得税の計算も、翌月に支給された給与として扱っていることが多いと思います。この理由は、所得税は年間の所得に基づいて計算されることから、不足分の給与を翌月に合算して支給したとしても、1年間の所得としては変わりがないためだと思われます。その結果、年末調整において年税額を正しく計算・調整しておけば、月次の給与計算における所得税額の違いは大きな問題にならないとの考えがあるのでしょう。

　しかし、所得税基本通達では、給与所得の収入金額の収入すべき時期に関し、契約等により支給日が定められている給与等についてはその支給日であると規定している（同通達36－9）ため、支給日が決まっている給与の一部が支給されていないのであれば、本来支給すべき時期にさかのぼって、最初から給与計算をやり直すことが原則となります。

3. 給与計算をやり直した場合の対応

　給与計算をやり直した場合の多くは、所得税や雇用保険料も変更になるため、支給されていない給与の額を単純に追加支給するだけではなく、所得税等を差し引いた支給額と従前支給額との差額を従業員に追加で支給する必要があります。

　従業員への説明としては、給与計算をやり直す前後の給与明細を用意すること等で、差額を知らせるとよいでしょう。また、税金の納付額も変更になる可能性があることから、**CASE2**でも説明したとおり、必要に応じて納付額を変更します。

1. 給与計算ソフトの設定の確認

(1) 1 カ月の所定労働時間数の設定

　多くの会社で、市販の給与計算ソフトやシステム会社が開発した
給与計算システム（以下、給与計算ソフト）を利用していると思い
ます。1 カ月の所定労働日数や所定労働時間数を設定しておくこと
で、1 時間当たりの賃金額を自動的に計算してくれるほか、割増賃
金の基礎となる賃金額が変更になったときでも、自動的または簡単
な操作で変更してくれるものが一般的でしょう。

　このような計算機能は便利な反面、わずかな設定ミスが大きなミ
スにつながる怖さも認識しておかなければなりません。

　例えば、1 年間の所定労働日数を変更した場合、1 年間や 1 カ月
の所定労働時間数も変更となりますが、ほとんどの給与計算ソフト
では、1 カ月の所定労働時間数の設定を、給与計算ソフトの利用者
自ら変更しなければならないため、これを忘れてしまうと 1 時間当
たりの賃金額が変更されず、割増賃金額はもちろん、遅刻・早退時
に賃金を控除するときの額にも影響することがあります。

(2) 手当の属性の確認

　給与計算ソフトでは、どの手当が割増賃金の基礎となる賃金から
除外できる賃金に該当するのかといった設定も必要です。この設定
は通常、従業員個々人ではなく、会社ごとや雇用形態ごとに行うた
め、設定を一度間違えると、その手当が支給されるすべての従業員
の割増賃金額に影響が出ることから、慎重さが求められます。

　特にこのケースのような役職手当では、「役職手当の支給対象者
＝管理監督者のため、残業代の支給対象外」という誤解や思い込み
から、手当の属性を割増賃金の基礎となる賃金に含めないものとし
ているケースがあるため、注意が必要です。なお、いわゆる管理監
督者であっても、深夜労働に対する割増賃金は支給しなければなり

ません。

　給与計算ソフトを利用することで、利便性は格段に上がりますが、時に「給与計算ソフトに設定されていることが正しい」という思い込みが生じ、ミスの原因になることもあります。長年、給与計算ソフトの設定を確認していないケースや、前任者が行っていた設定を担当者の引き継ぎ時に確認していないケースでは、特に想定していないミスが隠れているかもしれません。この機会に、給与計算ソフトの設定が適正であるか確認することをお勧めします。

2. 個別の給与計算結果の確認

　割増賃金の要素に対する留意点はかなり多いため、まずは給与計算ソフトの設定をしっかり行うことが基本です。加えて、毎月の給与計算時には、従業員のうち数人の給与計算結果をピックアップして実際に電卓で計算し、間違っていないかを確認しておきたいものです。これは従業員個別の給与計算結果の確認だけでなく、給与計算ソフト上の会社に関する各種情報の設定を確認することにもつながるでしょう。

　次のようなケースにおいて給与計算ミスが特に発生しやすいことから、これらの対象者を中心に個別確認を行うことでミスが見つかれば、従業員に支給する前のミス発生の一つの歯止めとなります。

- 基本給や手当に変更のあった人
- 時給から月給に変更する等、雇用形態に変更のあった人
- 欠勤や遅刻・早退のあった人
- 育児等により短時間勤務をしている人
- 多くの手当が支給されている人
- 日々異なる時間帯で勤務している人
- 残業時間数が多い人
- 休日出勤をしている人

CASE 8 パートタイマーから正社員になった従業員の月額変更手続きを忘れてしまった！

Q 当社では、パートタイマー（時給制）から正社員（月給制）への転換制度を設けており、一定の条件を満たしたパートタイマーで希望する人には正社員転換試験を実施し、合格者は4月と10月のタイミングで正社員に転換しています。

先日、2月の給与を支給したところ、前年10月から正社員に転換した従業員から、「社会保険料が上がると思っていたのに、これまでと変わらないみたいですが、問題ないですか？」と問い合わせが入りました。確認したところ、時給制から月給制に変更となり、月額変更の対象であったにもかかわらず、届け出も社会保険料の変更もしていませんでした……。

A 月額変更は要件に該当したときに必ず行うものであることから、速やかに手続きをし、従業員の給与から控除する社会保険料を調整しましょう。今後は、給与計算ソフトの機能を利用する等により、手続きの漏れがないようにしましょう。

これだけは押さえたい！

社会保険の標準報酬月額は、資格取得時に決定し、算定基礎および月額変更により見直されます（**CASE3** 参照）。

月額変更は、昇給等の固定的賃金の変動に伴って従業員の給与が大幅に変動したとき、その固定的賃金の変動した月（以下、変動月）から3カ月間に支給された給与に基づき、標準報酬月額を見直すというものです。月額変更には通常のものと、産前産後休業および

育児休業等終了時のものがありますが、このうち通常の月額変更は大きく分けて次の三つの要件があり、そのすべてを満たしたときに必ず行います。

①昇給または降給等により固定的賃金に変動があった

②変動月からの3カ月間に支給された報酬（残業手当等の非固定的賃金を含む）の平均月額に該当する標準報酬月額とこれまでの標準報酬月額との間に2等級以上の差が生じた

③3カ月とも支払基礎日数が17日（特定適用事業所に勤務する短時間労働者は11日）以上である

なお、固定的賃金の変動には、時給制から月給制への変更等も含まれています。

🤚 何をすべきか～リカバリー策

月額変更の要件に該当し対象になったときは、速やかに届け出を行うことになっています。手続きが遅れた場合も、届け出る書類に変わりはありません。社会保険料の徴収に関する時効が2年であることから、さかのぼることのできる期間は改定月の初日から数えて最長2年です。

月額変更の要件に該当し、社会保険料を変更しなければならないにもかかわらず、従前の標準報酬月額に基づく社会保険料を給与から控除し続けていた場合には、この月額変更の手続きを機に、社会保険料の調整を行います。

このケースでは、従業員から追加で差額を徴収することになりますが、標準報酬月額に2等級以上の差が生じたことが月額変更の要件であるため、月額変更の対象となったときには社会保険料の増額が大きな負担となります。届け出が遅れた期間が長くなるに従い、調整額が大きくなり負担も増えるため、分割して数カ月かけて調整

するといった従業員への配慮が求められます。

　当然ながら、会社が負担する社会保険料の納付額も変更になります。年金事務所等から届く通知書や告知書により、これまで徴収されていなかった社会保険料が上乗せされていることを、確認しておきましょう。

　抜け漏れなく月額変更を処理したときであっても、「変動月」から「実際に標準報酬月額が変更された後の社会保険料が給与から控除される月」までにはずれが生じるため、該当した従業員は変動月からかなり経過した後に社会保険料が変更となり、給与の手取り額

図表 1-11　標準報酬月額の変更等の通知書（例）

健康保険・厚生年金保険 標準報酬月額及び標準賞与額等の通知書（被保険者用）			氏名				
□ 資格取得時の決定	年　　月　　日	標 準 報 酬 月 額	（健保）　　　　（厚年）				千円
□ 定 時 決 定	年　　　　月	従前の標準報酬月額	（健保）　　　　（厚年）				千円
		決定後の標準報酬月額	（健保）　　　　（厚年）				
□ 随 時 改 定	年　　　　月	従前の標準報酬月額	（健保）　　　　（厚年）				千円
		改定後の標準報酬月額	（健保）　　　　（厚年）				
□ 賞与支払時の決定	年　　月　　日	標 準 賞 与 額	（健保）　　　　（厚年）				千円
□ 資 格 喪 失 日	年　　月　　日						

このたび上記チェック項目のとおり、日本年金機構より決定通知されましたのでお知らせします。

※標準報酬月額及び標準賞与額等を決定する時期は…
・資格取得時の決定…資格取得時（入社）し被保険者となった場合
・定時決定…毎年 9 月（毎年 4、5、6 月の報酬を基に決定）
・随時改定…報酬が大幅に変動した場合（変動月以後 3 ヶ月の報酬の平均額が従前の標準報酬月額と比べて
　　　　　2 等級以上の差が生じたときに改定）
・賞与支払時の決定…賞与を支払った場合（賞与支払額から 1,000 円未満の端数を切り捨てて決定）
・資格喪失日…退職日の翌日

　　　　年　　月　　日　事業所所在地 ＿＿＿＿＿＿＿＿＿＿＿＿＿＿＿＿＿＿＿

　　　　　　　　　　　事 業 所 名 称 ＿＿＿＿＿＿＿＿＿＿＿＿＿＿＿＿＿＿＿

　　　　　　　　　　　事 業 主 氏 名 ＿＿＿＿＿＿＿＿＿＿＿＿＿＿＿＿＿＿＿

資料出所：日本年金機構（一部改変）

が変更されたとの印象を持ちます。標準報酬月額が変更になった従業員にはその内容を通知する義務があることから、日本年金機構より公開されている図表1-11のような通知書を利用して、従業員に確実に通知しましょう。なお、電子申請で手続きを行ったときに日本年金機構から送付される電子通知書は、従業員1名ごとになっており、印刷してそのまま従業員に渡すこともできます。

 今後のために～防止・改善策

1. 給与計算ソフトの機能の利用

　一般的な給与計算ソフトには、月額変更の判別機能がついているかと思います。例えば、変動月から3カ月間に支給された報酬の平均月額に基づき、従前の標準報酬月額と2等級以上の差が発生しているかを確認し、差があった従業員を抽出するような機能です。担当者が賃金台帳を印刷して電卓により2等級以上の差が生じているかを判別するよりも、断然に速くて正確ですので、このような機能を活用しない選択はないでしょう。

　ただし、適切に使いこなすためには、給与計算ソフトを正しく設定することが必須です。例えば、複数ある手当のうち、どの項目が固定的賃金なのか、勤怠項目のうち、どの項目を支払基礎日数として算入するのか等を、事前に細かく設定することになります。また、変動月から3カ月間に支給された給与の中に、さかのぼって支給された手当があるようなときには、イレギュラーな処理として月額変更を判別するためのデータの修正が発生するでしょう。

　すべてを給与計算ソフトに任せると、誤った判断となることも予想されます。月額変更は複雑な仕組みであり、判断に迷うケースも少なくありません。届け出漏れが発生しないよう、給与計算ソフトを利用してデジタルに確認する方法のほかに、アナログで管理する

方法を組み合わせることで、ミスや漏れを防止したいものです。

2. 昇降給等の情報を記録し管理する

　アナログな管理では、固定的賃金の変動を1カ月ごとに記録して確認することが考えられます。月額変更となるタイミングはあくまで固定的賃金の変動であり、標準報酬月額に2等級以上の差が生じていたとしても、変動月に固定的賃金の変動がなければ該当しません。

　そこで、図表1-12のように「給与情報の変更一覧表」を作成することで対象者を絞っておけば、変動月から3カ月目の給与計算後に対象者のみをチェックし、月額変更に該当するかを確認することができます。

　一覧表作成時の転記ミスや漏れには注意が必要ですが、給与計算に関わる情報はさまざまな形で担当者の手元に届くことも多いため、一覧表を作成しておくことでこれらの情報を整理でき、変動月の給与計算の資料にもなるほか、さらに後々、給与計算上の不明点が出てきたときの確認資料にもなります。アナログにはなりますが、このような方法もあることを押さえておきましょう。

図表 1-12　給与情報の変更一覧表（例）

○月（○月○日支給）分給与情報

1. 入退社・休業・雇用形態変更情報

番号	社員番号	氏名	部署	入退社・休業日	確認資料等
例	340	田中透	経理	△月□日入社	履歴書・雇用契約書等一式
例	129	柴田由美子	営業	△月□日～産休	産休申出書
例	843	清水香	営業	△月□日 パート→正社員	雇用契約書
1					
2					
3					

2. 手当等変更者一覧表

番号	社員番号	氏名	変更内容	金額（前→後）	備考
例	56	山田一郎	家族手当	0円→5,000円	第2子誕生(△月△日生)
1				→	
2				→	
3				→	
4				→	
5				→	
6				→	
7				→	
8				→	
9				→	
10				→	

3. 日割計算・欠勤控除情報

番号	社員番号	氏名	部署	内容	備考
例	129	柴田由美子	営業	産休取得3日間	△月□日～産休
1					
2					

CASE 9 | 正社員からパートタイマーになった従業員の社会保険手続きを忘れていた！

Q 当社の正社員から、「家庭の事情で正社員として働くことが難しくなったので、労働時間を短くしてパートタイマーとして働き続けたい」と相談がありました。1週間に4日、1日4時間程度しか働けないということでしたが、優秀な従業員ですので、パートタイマーへ転換し継続して働いてもらうことになりました。しかしながら、本来、転換時に資格を喪失しなければならない社会保険・雇用保険の手続きが、数カ月たった今でも加入したままであることが判明しました。どうしたらよいでしょうか？

A 雇用形態を変更した日にさかのぼって資格喪失の手続きをします。その際、離職票の交付希望を従業員に確認し、手続きをしましょう。今後は、雇用形態の変更時に注意すべき項目を洗い出し、定期的に被保険者の確認も行いましょう。

これだけは押さえたい！

　社会保険等に関しては、入社したときや退職したときに手続きを行う印象がありますが、勤務する中で、加入要件を満たしたときや満たさなくなったときにも手続きが必要です。そのため、雇用形態の変更等で労働条件を変更するときには、社会保険の加入要件を満たしているかも確認します。

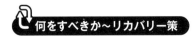

1. 社会保険の遡及手続き

　このケースでは、正社員からパートタイマーに転換して雇用形態が変更になったために加入要件を満たさなくなったことから、労働条件を変更した日にさかのぼって資格を喪失する手続きを行います。

　提出期限は事実発生から5日以内ですが、期限を過ぎていても届け出る書類に変わりはありません。

　なお、日本年金機構内部では、6カ月以上さかのぼって資格喪失の処理を行うことを「特定遡及処理」と位置づけており、その後の適用事業所の調査で重点的に調査が行われる事業所に選ばれ、事実確認が行われることになっています。

2. 社会保険の切り替え手続き

　社会保険の資格を喪失した後は、他の社会保険に加入します。

　健康保険の選択肢には一般的に**CASE5**で説明した三つがあるため、おのおのの加入要件を確認して従業員自身で手続きを行います。なお、配偶者の健康保険の被扶養者となるときは、配偶者がその会社に事情を伝えて手続きを行うことになります。社会保険の資格を喪失した日以降にこれまでの健康保険証を利用していたときには、医療費についての保険者の切り替えが発生します（**CASE1**参照）。

　国民年金は、原則20歳以上60歳未満が加入するため、これに該当する年齢であれば、第2号被保険者から第1号被保険者または第3号被保険者に変更となります。第1号被保険者への変更手続きは市区町村で従業員自身が行いますが、第3号被保険者への変更手続きは、健康保険において配偶者の被扶養者になるときと同様に、配偶者の会社を通して行います。

3. 雇用保険の遡及手続きと留意点

　雇用保険も、前記 **1.** と同様に労働条件を変更した日にさかのぼって手続きを行います。提出期限は事実発生の翌日から 10 日以内となっており、通常、省略が可能であっても、提出期限を過ぎた場合は賃金台帳や労働者名簿、出勤簿等の写しの添付が求められることもあります。

　離職票は、「雇用保険被保険者離職証明書」という名称から、雇用形態の変更ではなく、退職したときのみ発行する印象を持ちますが、本人が発行を希望すれば、このケースのように 1 週間の所定労働時間が 20 時間未満となったことで資格を喪失するときでも発行の手続きができます。

　離職票発行後に受給する基本手当は、原則として資格喪失日から 1 年以内に受給しないと権利が消滅し、受給できなくなります。このケースのように、退職ではなく加入要件を満たさなくなったことで資格を喪失したときも同様に、資格喪失日である労働条件を変更した日から 1 年以内に受給しないと権利が消滅します（下図参照）。

　離職票が発行されていれば、労働条件を変更した日から 1 年以上経過していても、実際の退職日の翌日以降に基本手当を受給できると勘違いすることがあるため、労働条件が変更になった段階で従業員に説明をしておきましょう。

　なお、雇用保険の基本手当を受給するためには、就職したいという積極的な意思といつでも就職できる能力（健康状態、環境等）が

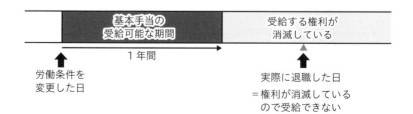

あり、積極的に求職活動を行っているにもかかわらず、就職できない状態にあることが必要とされています。

労働時間が短くなったことでいったん雇用保険の資格を喪失し離職票を発行した場合、引き続きその会社で働いていても、基本手当を受給する要件を満たしており他社への求職活動を行っていれば、基本手当が受給できることもあります。基本手当が支給されるための要件は個別判断であるため、基本手当を受ける意思があるときは従業員にハローワークで確認するように促しましょう。

今後のために〜防止・改善策

1. 労働条件を変更したときに確認する点

雇用形態の変更等により労働条件を変更したときには、図表1-13にあるような点が、多くの会社で確認項目となるでしょう。

退職と異なり、雇用が継続しているからこそ、誤りが発生しやすい項目もあることから、細かな配慮が求められます。具体的な対応方法は会社ごとで異なるため、確認すべき項目を洗い出しておくとよいでしょう。

2. 労働条件通知書の利用

雇用形態の変更等をしたときには、変更後の労働条件に関して会社と従業員との間で行き違いが起こりやすいため、労働条件通知書により、変更後の労働条件を明示することも重要です。

社会保険の加入状況は、労働条件の明示事項ではありませんが、厚生労働省が公開している労働条件通知書のひな型（図表1-14）では、「その他」欄に「社会保険の加入状況」および「雇用保険の適用」の項目が設けられています。明示が必須ではない項目を増やすことで記入の手間は増えますが、社会保険の加入の有無に関する

図表 1-13 雇用形態の変更等により労働条件を変更したときの チェックリスト

社会保険の手続き
☐ 健康保険・厚生年金保険の資格取得／喪失の要否を確認したか
☐ 雇用保険の資格取得／喪失の要否を確認したか
☐ 月額変更の該当を確認するよう申し送りをしたか
給与計算ソフトの設定
☐ 雇用形態の変更を登録したか
☐ 基本給の設定（月給制→時給制／時給制→月給制）を変更したか
☐ 通勤手当の設定（月単位→日単位／日単位→月単位）を変更したか
☐ 各種手当の設定（対象となる手当の追加／対象から外れる手当の削除）を変更したか
年次有給休暇の確認
☐ 付与日数の管理方法を変更したか （正社員とパートタイマーの付与日数や基準日が異なる場合）
変更後の賞与額の確認
☐ 変更後に支給する賞与額の算出について申し送りをしたか
退職金の支給
☐ 変更時に退職金を支給したか （正社員からパートタイマーに変更するときなどに精算する場合）
☐ 変更時に退職金の加入対象としたか （パートタイマーから正社員に変更するときなどに、新たに外部の積立制度などに加入するような場合）

図表 1-14 労働条件通知書のひな型の「その他」欄

その他	・社会保険の加入状況（ 厚生年金 健康保険 厚生年金基金 その他（　　　））
	・雇用保険の適用（ 有 , 無 ）
	・その他

資料出所：厚生労働省（一部改変）

トラブルを防止するためにも、記載し説明するとよいでしょう。

3. 定期的な被保険者の確認

　すでに説明したように、基本的には、雇用形態の変更等により労働条件を変更するタイミングで社会保険の加入状況をチェックし、手続きを行うことが正しい方法になりますが、これらに加えて、1年に1度は社会保険や雇用保険の被保険者を確認することも、手続きの抜け漏れがないかを確認する上で効果的です。

　タイミングとして、社会保険の場合は算定基礎届を作成する際に、年金事務所から送付される様式に記載された届け出対象者と会社が届け出しようとしている被保険者を突き合わせることで、被保険者をチェックできます。このとき、支払基礎日数が15日（特定適用事業所に勤務する短時間労働者は11日）を下回るような人は、休職者や育児休業等取得者等の例外を除き、社会保険の加入要件を満たさなくなっている可能性があります。シフト制により勤務日と勤務時間を決めているような従業員は、気づかないうちに社会保険の加入要件を満たさなくなっていることもありますので、実態を確認しておきましょう。

　なお、2023年1月から始まった「オンライン事業所年金情報サービス」(31ページ参照)では、年金事務所が保有する被保険者データを受け取ることができ、会社が保有するデータと突き合わせることができます。このような方法による確認を考えてもよいでしょう。

　雇用保険の場合は、労働保険の年度更新の時期に被保険者を確認することが考えられます。詳細は**CASE29**で説明しますが、雇用保険の被保険者が一覧になった台帳をハローワークから取り寄せることで、資格を取得している被保険者の中に喪失すべき人が混在していないか、また、資格を取得しているべき人の手続きがすべて行われているかを確認しておきたいものです。

引っ越ししたときのケース

CASE 10 社会保険の住所変更手続きを忘れていた！

Q ある日、協会けんぽから従業員の新しい氏名のものと思われる健康保険証が送られてきたことで、当人が結婚したことが分かりました。入籍と同時に新居に引っ越しもしたそうです。加えて、当社に就職したタイミングで実家の近くで1人暮らしを始めていたにもかかわらず、会社への届け出がされていなかったことも判明したことから、住所変更の届け出も必要ではないのかと思っています。どうしたらよいでしょうか？

A マイナンバーと基礎年金番号が紐付いている従業員であり、日本年金機構へ登録している住所が住民票記載の住所であれば、届け出は不要です。今後は、会社としてマイナンバーと基礎年金番号の紐付けや、登録している住所の管理が必要になります。

これだけは押さえたい！

　社会保険では被保険者の住所を管理しており、マイナンバーと基礎年金番号が紐付いた被保険者の住所は、日本年金機構が住民票の情報に定期的にアクセスすることにより自動的に取得することから、住所変更があったときの届け出は不要です。ただし、マイナンバーと基礎年金番号が紐付けられていないときや、マイナンバーを有していない海外居住者や短期在留外国人が住所を変更した場合には届け出の省略ができないため、住所変更の届け出が必要です。

日本年金機構が管理する住所には、住民票記載の住所だけではなく、住民票記載の住所とは異なる従業員任意の住所（居所）を登録することもできます。マイナンバーと基礎年金番号が紐付いた被保険者が居所を登録するときには、住所変更の届け出により居所を住所として届け出る必要があります。また、いったん居所を登録をしたものの住民票記載の住所に変更するときは、「住民票住所へ変更」と届け出ることで居所から住民票記載の住所に登録が変更されることから、それ以降の住所変更の届け出が省略できます。

　労災保険や雇用保険でも、給付手続きの際に住所を記載することがありますが、**CASE9** のように雇用保険の基本手当等を受給しているときなど、従業員自ら手続きをしなければならない場合を除き、住所変更の届け出を行う必要はありません。

何をすべきか〜リカバリー策

　このケースでは、対象となる従業員のマイナンバーと基礎年金番号が紐付いており、結婚を機に、実家の住所から結婚後の住所に住民票記載の住所を移したことを前提にします。

　1人暮らしをしていたときの住所を居所として会社に届け出ていたとしても、日本年金機構にはこの居所に関する登録がなされていないはずですので、実家の住所が日本年金機構に住所として登録されており、マイナンバーと基礎年金番号の紐付けがされているので、今回は住所変更の届け出を省略できます。なお、居所の登録は任意であることから、1人暮らしをしていたときの居所にさかのぼって登録する必要はないでしょう。

　住所変更が行われたときでも、年金事務所等から会社や従業員に対して特に通知は届かないため、住所が変更されているかを確認するときは、個別に年金事務所へ照会します。

図表 1-15　パターン別住所変更届の要否

マイナンバーと基礎年金番号	日本年金機構への登録住所		届け出
	変更前住所	変更後住所	
紐付けされている	住民票	住民票	省略可
	住民票	居所	必要
	居所	住民票	必要※
	居所	居所	必要
紐付けされていない	すべてのケース		必要
マイナンバーを有しない			必要

※2018年3月4日以前に居所を登録していた場合は、住民票の住所が変更されると、自動的に登録住所も変更される。

今後のために～防止・改善策

1. 従業員の住所の管理方法の見直し

　住所が自動的に変更されず、住所変更届の提出が必要になるのは、①マイナンバーを有しない従業員、②マイナンバーと基礎年金番号が紐付いていない従業員、③日本年金機構に居所を登録している従業員──の三つのケースです（図表 1-15）。

　①は個別に管理する必要があります。

　②については、日本年金機構からその従業員のマイナンバーを登録するよう連絡が来ることもあるため、そのような機会を捉えマイナンバーの登録状況に係る管理を行うとよいでしょう。管理や届け出の手間を省力化するためには、資格取得時に従業員からマイナンバーを確実に収集し、届け出ることが考えられます。

　③に関しては、今後、住民票記載の住所と居所を区別して住所の管理を行い、居所と住民票記載の住所が異なるときには日本年金機構への住所登録を居所で行うかを確認することになるでしょう。

2. 住所一覧による登録住所の確認

　日本年金機構では、管理している従業員や被扶養者となっている配偶者（第3号被保険者）の住所一覧を会社に提供するサービスを行っています。提供された一覧に基づき日本年金機構に登録している住所が本来届け出るべき住民票記載の住所または居所になっているか、住所変更の届け出漏れがないかを一度確認するとよいでしょう。

　なお、転勤や引っ越しがあったときには、図表1-16のようなチェックリストを用いることで手続きの確認ができます。

図表 1-16　転勤・引っ越し時チェックリスト

転勤・引っ越し時チェックリスト

社員番号		(ふりがな) 氏名			部署	(正社員・パート・その他)
生年月日	年　月　日（　歳）		性別	男・女	異動年月日	年　月　日
理由	業務命令転勤・自己都合引っ越し		変更後状況			独身・単身赴任・家族同居
変更後住所	〒			固定電話番号		－　　　－
				携帯電話番号		－　　　－
社会保険	加入有　・　加入無		雇用保険		加入有　・　加入無	

No.	内容	必要書類・手続き等	手続き先	提出時期	完了日
1	［社会保険］住所変更（居所の場合のみ）	□健康保険・厚生年金保険被保険者住所変更届　　※事業主の証明	年金事務所	速やかに	／
2	［社会保険］配偶者住所変更（居所の場合のみ）	□国民年金第3号被保険者住所変更届　　※事業主の証明・配偶者の証明	年金事務所	速やかに	／
3	［雇用保険］雇用保険転勤届	□雇用保険被保険者転勤届　　※事業主の証明	ハローワーク	転勤翌日から5日以内	／
4	［所得税］住所の変更	□給与所得者の扶養控除等（異動）申告書	－	－	／
5	［社内規程］給与計算・経費精算	□各種手当変更・引っ越し旅費精算　等	－	－	／

※異動先が社会保険に単独で加入している場合には、健康保険と厚生年金保険の資格喪失・資格取得手続きが必要になります。

CASE

11 | 通勤手当の取り扱いに 誤りがあった！

Q 当社では、通勤手段や通勤経路に応じた通勤手当を従業員に支給しています。先月引っ越しをし、住所が変更となった従業員から「通勤手当は非課税になると聞いたのですが、税金がかかっているようです」と連絡があったため確認したところ、変更した際の給与計算ソフトへの入力に誤りがあり、通勤手当の全額を課税として計算していました……。

A 課税として計算したものについて、変更となった月にさかのぼって非課税として計算し直します。今後は、給与計算ソフトの判別機能を使うこと等を検討しましょう。

これだけは押さえたい！

1. 通勤手当等の所得税における取り扱い

従業員に支給する給与や賞与は、所得税の計算において課税の対象となりますが、一定の基準に沿ったものは非課税として扱うことが認められています。

多くの会社が支給している通勤手当は、この非課税となる手当の代表であり、通常の給与等に加算して支給される通勤手当は一定額まで課税されません。その一定額とは、通勤する手段によって、次の4通りに分かれています。

①電車・バス等または有料道路を利用して通勤する従業員の通勤手当

②自動車・自転車等で通勤する従業員の通勤手当

③電車・バス等で通勤する従業員の通勤手当

④電車・バス等または有料道路を利用するほか自動車・自転車等も
　利用して通勤する従業員の通勤手当

　このうち、②と④の自動車・自転車等で通勤する従業員の通勤手当は、通勤距離により課税されない金額が決まっています。

　そのほかにも特殊な手当として、出張旅費、宿日直手当、慶弔見舞金、食事手当や、社宅等の現物給与等が非課税の対象として認められています。それぞれ細かな取り扱いが決められているため、該当するような手当がある場合には、国税庁のホームページで確認する等により、適正な処理が求められます。

2. 所得税以外で注意すべき通勤手当の取り扱い

　通勤手当は、所得税以外でも注意すべき取り扱いがあります。

(1) 労働基準法に基づく割増賃金

　労働基準法に、通勤手当の支給を義務づけるような規定はないことから、通勤手当を支給しなくても問題ありません。その一方で、割増賃金の基礎となる賃金から除外できるものの一つとされています（同法 37 条 5 項）（**CASE7** 参照）。

(2) 最低賃金法における賃金

　最低賃金法では、会社は最低賃金額以上の賃金を従業員に対し支払わなければならないと規定されています（同法 4 条）。実際に支給している賃金が最低賃金額以上であるかを確認する際、通勤手当はその対象となる賃金には含めないことになっています。

(3) 社会保険における給与

　社会保険の標準報酬月額が決定・改定される際の給与や、労働保険における給与に関しても、それぞれ対象となる範囲が定められていますが、上記 **(1) (2)** とは異なり、通勤手当はこれらの給与に含めることになっています。

　このケースは、本来、非課税として扱うことができた手当に対し、課税したものです。課税額と非課税額の調整をすることができるため、課税として扱った通勤手当の額を、翌月に支給する給与において、それぞれ課税する給与からマイナス（課税すべき給与額から減額）して支給し、非課税とする給与にプラス（非課税とすべき給与額を増額）して調整することが実務上多いように思います。

　しかしながら、本来は、通勤手当の支給を誤った月にさかのぼって計算をし直すことが正確な処理となります。

　このとき、通勤手当の支給を誤った月にさかのぼって所得税の計算をし直すと、さかのぼって計算することとなった月の課税額が減り、納め過ぎた所得税が発生することがあります。誤った計算によって納めた所得税と正しい計算による所得税の差額は、過誤納金となるため、還付または充当の処理を行わなければなりません。

　還付は「源泉所得税及び復興特別所得税の誤納額還付請求書」を税務署に提出することにより、納め過ぎた額を受け取ることになります。充当は「源泉所得税及び復興特別所得税の誤納額充当届出書」を税務署に提出することにより、届出書を提出した日以後に納付すべき給与等の所得税から過誤納金に相当する金額を相殺することができます。通常、所得税は翌月以降も納めることから、充当を選択するほうが一般的でしょう。

　なお、誤りが前年にまたぐものの、すでに年末調整を行っていたときは、再年調等が必要です（再年調については第5章参照）。

　給与計算ソフトには、通勤手段や通勤距離を入力することで課税されない額を自動的に計算し、課税対象分と非課税対象分に振り分

ける機能がついているものもあります。

　このような機能を利用することで、通勤手当を入力する際に課税されない額を確認することが不要となり、通勤手当のうち非課税となる額の判断を誤るミスはなくなります。また、法令改正により課税されない額の変更が行われたときも、最小の手間で対応できます。この機会に、給与計算ソフトで活用できていない機能がないかを確認してみてもよいかもしれません。

第**2**章

こんなときどうする **!?**

事故発生

労災事故が発生したときのケース

CASE 12 | 仕事中にけがをしたのに、健康保険証を使ってしまった！

Q 取引先から帰ってきた当社の従業員が、右足首に包帯を巻いていたので理由を聞くと、「営業先から戻る途中、最寄り駅の階段で足を滑らせ転んでしまい、足首が大きく腫れてきたので、そのまま近くの病院に寄ってきた」とのことでした。そこで労災保険を使ったかを確認すると、健康保険証を出して診察を受けたとの回答でした。健康保険から労災保険に切り替える必要があると思うのですが、どうしたらよいでしょうか？

A 診察を受けた病院で、健康保険から労災保険への切り替えができるかを確認しましょう。今後は、誤った保険を使わないように、従業員に公的保険の目的と利用について周知しておくことも重要です。

これだけは押さえたい！

1. 労災保険と健康保険の給付目的による違い

　公的保険は、その給付目的により複数の種類があります。同じけが（負傷）であっても、仕事中や通勤途中に負傷したのであれば労災保険から給付を受け、業務外（プライベート）で負傷したのであれば健康保険から給付を受けます。

　労災保険と健康保険では、手続きの方法や治療費等の自己負担割合、給付内容等に多くの違いがあることから、負傷や疾病の原因を

正確に把握して、適切な保険の手続きを行わなければなりません。

2. 労災保険の療養に対する給付

　労災保険における療養に対する給付は、「療養の給付」と「療養費の支給」の２種類に分かれています。

　療養の給付とは、労災病院や指定医療機関・薬局等（以下、指定医療機関）で治療等が受けられるものであり、特に費用を支払うことなく治療等が受けられることから「現物給付」と呼ばれています。

　これに対し、近くに指定医療機関がないなどの理由で、指定医療機関以外の医療機関で治療等を受けた場合には原則、いったん従業員本人が費用の全額を立て替えて、後日、所轄の労働基準監督署に請求する（請求する相手は労働基準監督署長）ことで、指定した金融機関の口座に現金が振り込まれます。これが「療養費の支給」であり、「現金給付」と呼ばれています。

　これらをまとめると、図表2-1 のとおりです。

図表 2-1　労災保険の療養に対する給付の分類

		療養の給付	療養費の支給
給付の形式		現物給付	現金給付（振り込みによる）
書類	業務災害	療養補償給付及び複数事業労働者療養給付たる療養の給付請求書 （様式第 5 号）	療養補償給付及び複数事業労働者療養給付たる療養の費用請求書 （様式第 7 号）
	通勤災害	療養給付たる療養の給付請求書 （様式第 16 号の 3）	療養給付たる療養の費用請求書 （様式第 16 号の 5）
提出先		指定医療機関	労働基準監督署

何をすべきか～リカバリー策

1. 健康保険から労災保険への切り替え

　労災保険を利用して受けるべき治療等を健康保険を利用して受けてしまった場合の対応は、図表2-2の流れになります。

　以下では分かりやすくするために健康保険の保険者を協会けんぽとして話を進めますが、保険者が健康保険組合の場合であっても、基本的には同様の考え方になります。

(1) 医療機関での切り替え

　治療等を受けた医療機関に申し出ることにより、医療機関にて健康保険から労災保険に手続きを切り替えることができるかを確認します。

　切り替えが可能であり、治療等を受けた医療機関が指定医療機関であった場合には、「療養補償給付及び複数事業労働者療養給付たる療養の給付請求書」(様式第5号)と自己負担額が記された領収書を医療機関に提出することで、医療機関で支払った健康保険における自己負担分が返金され、結果として治療費等の支払いが不要になります(図表2-2 Ⓐ)。

　治療等を受けた医療機関が指定医療機関でなかった場合には医療機関での切り替えができないため、協会けんぽが負担することとされた治療費等を、従業員がいったん全額立て替え払いした後、「療養補償給付及び複数事業労働者療養給付たる療養の費用請求書」(様式第7号)を労働基準監督署に提出することにより、請求します(図表2-2 Ⓑ)。

(2) 協会けんぽでの切り替え

　治療を受けたときから相当時間が経過している等、**(1)** による方法で切り替えができない場合には、健康保険から労災保険へ切り替える旨の連絡を従業員が協会けんぽに行い、協会けんぽから送られてきた治療費等の納付書によりいったん自己負担額以外も納付す

図表 2-2　健康保険を利用したときの労災保険への切り替えの流れ

```
          ┌─────────────────────────────────┐
          │  医療機関での労災保険への切り替え  │
          └─────────────────────────────────┘
              できる              できない
     ┌──────────────────┐    ┌──────────────────┐
     │ 受診した医療機関が │    │ 協会けんぽに連絡して │
     │ 指定医療機関か？   │    │ 切り替え          │
     └──────────────────┘    └──────────────────┘
    はい         いいえ
                ┌──────────────┐    ┌──────────────────┐
                │ 治療費等の全額を │    │ 協会けんぽへ       │
                │ 窓口等で支払う  │    │ 自己負担額以外を納付 │
                └──────────────┘    │ （全額を立て替え）  │
                                    └──────────────────┘
  ┌──────────┐  ┌──────────────┐  ┌──────────────┐
  │Ⓐ 様式第5号を│  │Ⓑ 様式第7号を   │  │Ⓒ 様式第7号を   │
  │ 医療機関に提出│  │ 労働基準監督署に提出│  │ 労働基準監督署に提出│
  └──────────┘  └──────────────┘  └──────────────┘
```

ることで、立て替えます。その後、医療機関で支払った自己負担額を含む治療費等の全額を「療養補償給付及び複数事業労働者療養給付たる療養の費用請求書」（様式第7号）を労働基準監督署に提出することにより、請求します（図表2-2 Ⓒ）。

　労災保険は従業員本人が請求人となり、従業員自身で切り替えの手続きを行うことになりますが、一時的であっても治療費等の全額を立て替えることは大きな負担となることから、健康保険と労災保険の保険者間で支払い調整が実施される場合があります。詳細な説明は割愛しますが、負担が大きく、立て替えが困難であると感じるときは、所轄の労働基準監督署に相談するとよいでしょう。

2. 健康保険からの負傷原因の照会

　仕事中や通勤途中における負傷や疾病等として疑いがあるものに関して、協会けんぽからそれらに関する原因の照会が行われることがあります。健康保険の目的に沿った給付であるかを確認し、給付を適正に行うためのものですが、この照会文書は従業員の自宅に届くため、会社に従業員から問い合わせが行われることもあります。事実に即して適切な内容を記載するよう指示しましょう。

　照会された内容が労災保険から給付を受けるべきものであった場合には、切り替え手続きのほかに **CASE13** の労働者死傷病報告の提出の要否も確認します。

3. 小規模事業所の役員等に関する特例

　業務災害・通勤災害は労災保険から給付を受けることが原則ですが、請負業務、インターンシップやシルバー人材センターの会員が行う業務での負傷等、労災保険の給付対象とならないものであっても、健康保険の給付対象となる場合があります。

　また、法人役員は、原則として労災保険の特別加入制度を利用しない限り、業務災害・通勤災害に対する給付を受けることはできませんが、健康保険の被保険者数が5人未満の小規模事業所における法人役員であって、従業員の従事する業務と同一と認められる業務を行っているときの負傷等は、健康保険の給付の対象となります。

今後のために〜防止・改善策

　労災保険という言葉を耳にしたことがあっても、業務災害の発生リスクや発生数が少ない企業では、その制度本来の目的や、給付を受けるときの手続きまで理解している従業員は少ないと思われま

図表 2-3　健康保険・労災保険の制度概要を示した文書（例）

<総務部からのお知らせ>

間違えやすい健康保険と労災保険
～ Q&A で解説～

　みなさま、風邪をひいたり、けがをしたときに、病院で治療を受けますよね。このとき、一般的には健康保険証を出して、治療を受けたり、薬をもらったりします。ただし、このけがや病気が、仕事中や通勤途中で起こった場合には、原則として労災保険を利用することになります。労災保険を利用するべきものなのに、健康保険証を出して治療を受けてしまうと、治療費をいったん立て替える必要がある等、従業員のみなさまに大きな手間がかかりますので、以下の Q&A を読んで間違いのないようにしましょう。

Q 1．健康保険と労災保険は何が違うの？

　健康保険は、プライベートでのけがや病気の治療に使うことのできる保険です。従業員のみなさまだけではなく、ご家族（一定の基準を満たした人）にも「被扶養者」として健康保険証が発行されます。治療を受けるときには、健康保険証を忘れずに病院に持って行ってください。労災保険は、仕事中と通勤途中のけがや病気の治療に使う保険です。健康保険証のようなものはありませんが、アルバイトの方も含め、全員が加入しています。ただし、当社の従業員のみなさまのみが利用できる保険ですので、ご家族は利用できません。

Q 2．労災保険はどうやって利用するの？

　仕事中のけがや病気の治療には、健康保険ではなく労災保険を使います。病院の窓口で「仕事中のけがなので、労災保険を使います」等と伝えてください。自己負担なしで労災保険を使うことができる病院の場合には、いつ、どこで、どういう状況でけがをしたかが分かる書類を病院の窓口に提出することになります。その他の病院では、ご面倒ですが、いったん従業員のみなさまに治療費を立て替えていただき（※）、後日、労働基準監督署に提出する請求書を書くことになります。

　いずれの場合でも、仕事中にけが等をしたときには、できれば病院に行く前に総務部まで連絡してください。なお、事前の連絡が難しいときには病院に行った後に速やかに連絡してください。

※治療費が高額になるときは、総務部に相談してください。対応方法を検討します。

Q3. 労災保険を利用すると自己負担はいくらになるの？

　病院の窓口に健康保険証を出した場合には、健康保険の利用として通常、治療費の3割を従業員のみなさまが支払うことになります。労災保険では、この自己負担がなく、原則無料で治療を受けることができます。ただし、書類を提出するまでは、病院の窓口で治療費を支払う必要などがありますので、ご了承ください。

　まずはけがをしないよう、労働災害を防止する意識を持つとともに、万が一のときには対応を誤らないようにしましょう。

す。そのため、実際に従業員が被災した場合、労災保険を利用しなければならないことに本人もその上司も気づかず、健康保険証を医療機関の窓口に提示して、受診してしまうことがあります。

　また、受診の際には医療機関でけがの原因や状況の確認が行われますが、このケースのように駅の階段で足を滑らせたという場合、医療機関から仕事中か否かの確認がされないまま、業務災害や通勤災害ではないと判断されることもあるでしょう。

　このように、本来であれば労災保険で給付を受けるべき治療等を健康保険で受けてしまうことは、少なからずあります。ただし、すでに見てきたように、利用する保険に誤りがあると、切り替えの手間や治療費等の立て替えの負担が発生し、給付を受けるまでに時間を要することがあるので、最初から目的に合った保険を利用できるよう、労災保険や健康保険の制度を周知しておくことが重要です。

　周知の方法はさまざまですが、改まった方法よりも、まずはその概要を伝えるために、図表2-3のような「健康保険・労災保険の制度概要を示した文書」を社内報等に掲載することが考えられます。

労災事故が発生したのに、労働者死傷病報告の提出を忘れていた!

Q 当社の営業所の従業員が、蛍光灯を交換するため、事務用の椅子に乗って作業をしていたところ、椅子が回転し転落して腰を強打したことから病院で受診しました。医師より1週間の安静を言い渡されたため、本人の希望もあって、休む日のすべてを年次有給休暇としたのですが、仕事中の転倒ということをすっかり忘れ、後日になって、労働者死傷病報告を提出していないことに気づきました……。

A このまま労働者死傷病報告を提出しないと、「労災かくし」との指摘を受ける可能性もあります。速やかに作成し、提出しましょう。また、今後のためにも、事故の再発防止対策も含めた報告の仕組みを作っておきましょう。

これだけは押さえたい!

　従業員が休業しなければならないような業務災害が発生した場合には、災害発生状況等を記載する労働者死傷病報告を提出することが義務づけられています。

　労働者死傷病報告の提出は、業務災害による休業日数が4日以上の場合には様式第23号、休業日数が1〜3日の場合には様式第24号と、書式が異なります。様式第23号の提出期限は「遅滞なく」となっており、様式第24号は1〜3月発生分を4月末日までに、4〜6月発生分を7月末日までに、7〜9月発生分を10月末日までに、10〜12月発生分を翌年1月末日までに、取りまとめて提出します。なお、業務災害により従業員が休業することなく死亡し

た場合にも、様式第 23 号を提出します。

　この労働者死傷病報告は、労働安全衛生規則に基づき提出が義務づけられているものであり、提出することと労災保険の給付を受けることとの関連性はありません。記載する内容は、労災保険の「療養補償給付及び複数事業労働者療養給付たる療養の給付請求書」（様式第 5 号。図表 2-1 参照）や「休業補償給付支給請求書・複数事業労働者休業給付支給請求書」（様式第 8 号）と重なるものもありますが、労災保険からこれらの給付を受けるか否かを問わず、提出しなければなりません。

　ちなみに、業務中以外に事業場内や付属する建設物・敷地内等で従業員が負傷等した場合、業務災害には該当しませんが、労働者死傷病報告の提出が義務づけられています。

　故意に労働者死傷病報告を提出しないことや、虚偽の内容を記載した労働者死傷病報告を提出することについては、「労災かくし」として、出頭命令や罰則の適用も含む厳しい指導が行われます。

何をすべきか〜リカバリー策

　休業 4 日以上の場合の労働者死傷病報告は、業務災害発生後、遅滞なく提出することになっているため、提出漏れに気がついたときには、できるだけ早く所轄の労働基準監督署に提出することが求められます。

　この「遅滞なく」とは、「正当又は合理的な理由がある場合を除き、事情の許す限り最も速やかに」という意味であり、おおむね 1 〜 2 週間以内程度といわれています。そのため、災害発生から提出までおおむね 1 カ月を超過している場合には、遅滞した理由を書面で求められることがあります。

　また、様式第 8 号には、「死傷病報告提出年月日」という欄があ

り、1回目の請求を行うときには、記載が求められます。労働者死傷病報告は、労働基準監督署に提出した後に控えが戻ることがない一方、その後に提出する書類を作成するための参考資料とすることもあるため、提出する際には、作成した労働者死傷病報告の写しを用意し、必要に応じ労働基準監督署が受理した日付を押印してもらうとよいでしょう。なお、提出は郵送でも可能ですが、写しを返送してもらうときには切手を貼付した返信用封筒を同封しなければなりません。

今後のために～防止・改善策

1. 従業員に対する周知

このケースでは、年次有給休暇を取得したことが、結果として労働者死傷病報告の提出漏れにつながったと想像されます。

業務災害・通勤災害が発生した場合には、まず会社の労災保険の担当者に報告するよう従業員の意識を高めましょう。このとき、**CASE12** で掲げた図表2-3のような文書を利用することが考えられます。

2. 業務災害発生の報告の徹底

業務災害を防止し、事業場における不安全な状態をなくすためにも、業務災害が発生したときには、二度と起こさないよう再発防止につなげたいところです。具体的には、図表2-4のような「労働災害発生・防止対策報告書」の提出の義務づけが考えられます。

製造業を中心に、ヒヤリハット報告等を実施している企業も多くあるでしょう。業務災害が発生した場合には、このような報告書の提出を義務づけることで、業務災害の再発防止に努めるとともに、労働者死傷病報告を確実に提出できる流れを作っておくことが望まれます。

図表 2-4　労働災害発生・防止対策報告書（例）

労働災害発生・防止対策報告書

年　　月　　日

社員番号：＿＿＿＿＿＿＿＿＿

氏　　名：＿＿＿＿＿＿＿＿＿

［発生事故内容］

事故発生日時	年　　月　　日（　曜日）（午前・午後）　時　　分頃
被災者	
現認者	※事故を見ていた人を書く。いない場合には最初に報告をした人を書く。
発生場所	
作業内容	
作業環境	
不安全な状態・有害な状態	
発生した災害	

［防止対策］

発生した理由	
防止対策	

［病院にかかった場合］

初回通院	年　　月　　日（　曜日）（午前・午後）　時　　分頃
病院名	
主な診断内容	※会社を休む医師からの指示（有（　　日間）　・　　無）

第3章

こんなときどうする !?

出産・育児

産前産後休業・育児休業・子どもの養育を巡るケース

CASE 14 | 産前産後休業期間中の 社会保険料免除の届け出を忘れていた！

Q 産前産後休業に引き続き、育児休業に入った従業員がいます。産前休業に入るときに従業員から産前産後休業の取得等に関する申し出があったのですが、会社がその期間の社会保険料の免除の手続きを忘れていることに、後になって気づきました。育児休業期間中の社会保険料免除の申し出とともに、さかのぼって届け出ることはできるでしょうか？

A 産前産後休業・育児休業等期間中の社会保険料免除の申し出が各休業終了後から１カ月を超えて遅れたときは、理由書のほか、出勤簿、賃金台帳等を理由書に添付することで、さかのぼって届け出ができます。今後は、チェックリストの利用により、ミスや漏れを防止しましょう。

これだけは押さえたい！

　社会保険では、出産日（実出産日が出産予定日後のときは、出産予定日）以前６週間（多胎妊娠の場合には14週間）を産前休業、出産後８週間を産後休業としています。この産前産後休業期間と、原則子どもの出生後８週間以内に４週間を上限として取得できる出生時育児休業（産後パパ育休）、原則子どもが１歳に達するまでの育児休業、最長子どもが２歳に達するまで延長できる育児休業および子どもが３歳に達するまでの育児休業の制度に準ずる措置

に基づく休業（以下、まとめて「育児休業等」）の期間について従業員が取得を申し出ることにより、社会保険料の徴収が免除されることになっています。

産前産後休業期間については、休業開始年月日の属する月から休業終了年月日の翌日の属する月の前月（休業終了日が月の末日の場合は休業終了月）まで、毎月の社会保険料（月額保険料）および賞与にかかる社会保険料（賞与保険料）の徴収が免除されます。労働保険（労災保険・雇用保険）には、保険料の徴収が免除となる制度はありませんが、支給される給与に保険料率を乗じて計算するため、給与が支給されなければそもそも保険料は発生しません。

免除の届け出は、産前産後休業期間等を記載した申出書により、産前産後休業期間中または産前産後休業終了日から起算して1カ月以内に行います。届け出後に休業する期間が変更になった場合は、再度、変更後の期間を届け出ます。

なお、産前産後休業期間中の社会保険料の徴収の免除は、その期間に給与が支給されるか否かではなく、労務の提供があるか否かにより判断されます。産前休業に該当する期間に、無給である産前休業に代えて年次有給休暇を取得することでその日に対する給与が支給されることがありますが、この場合でも、産前休業期間に労務の提供はないため、免除の対象として認められます。

何をすべきか～リカバリー策

このケースでは、育児休業を取得し始めてから、つまり産後休業が終了してから、産前産後休業期間中の社会保険料の徴収の免除の届け出を忘れていることに気づいています。本来であれば、期限内に届け出を行うことが必要ですが、期限を過ぎていても従業員が産前産後休業の申し出を会社に対しすでに行っていた場合には、例外

図表 3-1　社会保険料免除の届け出遅延に関する理由書（例）

年　　月　　日

○○年金事務所所長殿

○○株式会社
代表取締役　○○○○

理由書

　今般提出した下記の被保険者の「健康保険・厚生年金保険産前産後休業取得者申出書／変更（終了）届」について、被保険者から産前産後休業の申し出があったにもかかわらず、社内の事務手続き上のミスにより申出書の提出が遅れました。ここに申出書を提出するとともに、今後このようなことがないように確認体制を強化しますので、ご査収の上、よろしくお取り計らいくださいますようお願いいたします。

記

1. 被保険者氏名（生年月日）
　○○○○（　　年　　月　　日）

2. 被保険者の整理記号番号および基礎年金番号
　整理記号番号：
　基礎年金番号：

3. 被保険者の産前産後休業申し出期間（休業申し出日）
　　　　年　　月　　日～　年　　月　　日（　年　　月　　日）

以上

的にさかのぼって届け出を行うことができます。

　その際は、理由書のほか、休業をしていることが分かる書類として出勤簿、賃金台帳等を添付します。なお、この理由書には定められた様式がなく、会社が独自に作成することになっています。例として図表3-1のような様式が考えられますので、所轄の年金事務所に記載内容に不足がないかを確認の上、提出するとよいでしょう。

　社会保険料の徴収に関する時効は2年です。届け出日より2年以上前に免除となる期間があったとしても2年を超えてさかのぼっ

て免除されませんので、速やかな届け出が求められます。

🔦 今後のために〜防止・改善策

　このケースでは、産前産後休業期間中の社会保険料の徴収の免除の届け出を期限内に行っていませんでした。

　その理由は、単純な失念等が予想されますが、産前産後休業→育児休業等→育児休業等後の復帰という一連の流れに沿った社会保険手続きが思いのほか多くあることも、一因かもしれません。特にこれらの届け出は、提出窓口が年金事務所、協会けんぽ（健康保険組合）、ハローワークと分かれているため、届け出が遅延したり、漏れが発生する可能性がどうしても高くなります。

　遅延や漏れを防ぐためには、産前産後休業・育児休業等取得者1名ごとにチェックリスト（図表3-2・3-3）を作成し、管理することが考えられます。

　なお、図表3-2は、女性が産前産後休業や育児休業を取得する前提で、一般的な内容を時系列に並べてあります。これとは異なるタイミングで提出することができる書類や、会社を通さずに提出できる書類もあることから、従業員の状況や自社のルールを踏まえ、アレンジして使うとよいでしょう。また、男性は産前産後休業の取得はない一方、産後パパ育休を取得する場合もあることから、別途図表3-3を使用するとよいでしょう。

　もう一つの防止策としては、産前産後休業や育児休業等を取得している従業員にも社会保険の制度を理解してもらうことです。産前産後休業や育児休業等に関する制度は、休業を取得でき、社会保険制度から給付を受けたり、保険料の負担が軽減されたりする点で、従業員自身が多くのメリットを享受できるといえます。一方、制度が複雑なことから、産前産後休業や育児休業等の取得者に対する手

引きのようなものを会社が作成し、休業取得者に説明をすれば、従業員自身の関心が高まり、ミスや漏れの防止につながるでしょう。

Column **産前産後休業の社会保険料免除申請の届け出タイミング**

産前産後休業の社会保険料の免除の提出期限は、従業員の産前産後休業期間中または産前産後休業終了日から起算して1カ月以内となっています。そのため、仮に産前休業6週間、産後休業8週間を取得したとすると、約130日（42日＋56日＋31日＝129日）の間に届け出れば期限内に受理されることになるため、届け出時期に迷いが出ます。届け出のタイミングをまとめると、以下となります。

①産前休業期間中

産前休業に入って間もなく提出することで、提出漏れを防ぎやすい。出産予定日と実出産日がずれた場合に、産前産後休業期間の変更の届け出が必要となる。

②産後休業期間中

実出産日以降の届け出となるため、産前産後休業期間の変更に伴う届け出はほぼ発生しない。届け出が受理されるまで、年金事務所から産前産後休業を取得している従業員の社会保険料も請求され、受理された後に相殺されるため、従業員の給与からの控除および会社が負担する社会保険料の額と、年金事務所から通知される社会保険料に差異（以下、届け出タイミングにおける差異）が生じる。

③産後休業終了後

産前産後休業期間の変更に伴う届け出はなく、従業員が育児休業を取得する場合には、産前産後休業と育児休業の二つを併せて届け出ることも可能。ただし、届け出タイミングにおける差異の額は大きくなる。

届け出タイミングは会社の任意になりますが、届け出漏れや、従業員からの社会保険料の徴収を誤らないような注意が必要です。

図表 3-2　出産・育児関連社会保険手続きチェックリスト
（女性従業員向け）

出産・育児関連社会保険手続きチェックリスト（女性従業員向け）

社員番号		（ふりがな）氏名			性別	女
生年月日	年　月　日（　歳）		基礎年金番号			
健康保険番号			雇用保険番号			
産前休業開始日	年　月　日		産後休業終了日		年　月　日	
出産予定日	年　月　日		実出産日		年　月　日	
育児休業①開始日	年　月　日	日間	育児休業②開始日	年　月　日		日間
育児休業①終了日	年　月　日		育児休業②終了日	年　月　日		
育休延長・再延長終了日	延長　年　月　日 / 再延長　年　月　日		最終職場復帰日		年　月　日	

No.	手続き	必要書類等	手続き先	提出時期	完了日
1	産休期間中の保険料免除（申出時）	□産前産後休業取得者申出書／変更（終了）届 ※事業主証明	年金事務所	休業開始〜終了1カ月以内	／
2	産休期間中の保険料免除（産休期間が変更・終了となったとき）	□産前産後休業取得者申出書／変更（終了）届 ※事業主証明	年金事務所	休業開始〜終了1カ月以内	／
3	出産育児一時金の申請（一時金・内払金支払・差額）	□出産育児一時金内払金支払依頼書・差額申請書 □出産育児一時金支給申請書 ※本人証明・医療機関等証明 　出産費用の領収書・明細書（写） 　産科医療補償制度対象分娩の場合、その証明等	協会けんぽ	出産後	／
4	出生児の扶養者異動（出生児の扶養加入）	□健康保険被扶養者（異動）届 ※本人証明・事業主証明	年金事務所	出産後5日以内	／
5	出産手当金（出産で会社を休む）	□出産手当金支給申請書 ※本人証明・事業主証明・医療機関等証明	協会けんぽ	産前産後休業終了後	／

No.	手続き	必要書類等	手続き先	提出時期	完了日
6	終了時の月額変更	□産前産後休業終了時報酬月額変更届 ※本人証明・事業主証明 　産休後復帰するとき	年金事務所	速やかに	/
		育児休業①取得			
7	育児休業① 育休期間中の保険料免除	□育児休業等取得者申出書(新規・延長)／終了届 ※事業主証明	年金事務所	休業開始 ～終了 1カ月以内	/
8	育休開始時賃金登録・受給資格確認	□休業開始時賃金月額証明書 □育児休業給付受給資格確認票 ※本人証明・事業主証明 　賃金台帳・出勤簿・母子手帳等	ハローワーク	休業開始日 から4カ月 を経過する 日の属する 月の末日	/
9	育児休業① 育児休業給付金	□育児休業給付金支給申請書 　通常2カ月に1回の届け出（毎月も可能）	ハローワーク	ハローワーク指定日	―
		第1回（　　/　　～　　/　　）		/ ～ /	/
		第2回（　　/　　～　　/　　）		/ ～ /	/
		第3回（　　/　　～　　/　　）	ハローワーク	/ ～ /	/
		第4回（　　/　　～　　/　　）		/ ～ /	/
		第5回（　　/　　～　　/　　）		/ ～ /	/
		第6回（　　/　　～　　/　　）		/ ～ /	/
		※本人証明・事業主証明 　賃金台帳・出勤簿		―	―
		育児休業②取得			
10	育児休業② 育休期間中の保険料免除	□育児休業等取得者申出書(新規・延長)／終了届 ※事業主証明	年金事務所	休業開始 ～終了 1カ月以内	/
11	育児休業② 育児休業給付金	□育児休業給付金支給申請書 　※第1回は「育児休業給付受給資格確認票・(初回)支給申請書」で行う 　通常2カ月に1回の届け出（毎月も可能）	ハローワーク	ハローワーク指定日	―
		第1回（　　/　　～　　/　　）		/ ～ /	/
		第2回（　　/　　～　　/　　）		/ ～ /	/
		第3回（　　/　　～　　/　　）	ハローワーク	/ ～ /	/
		第4回（　　/　　～　　/　　）		/ ～ /	/
		第5回（　　/　　～　　/　　）		/ ～ /	/
		第6回（　　/　　～　　/　　）		/ ～ /	/
		※本人証明・事業主証明 　賃金台帳・出勤簿		―	―

No.	手続き	必要書類等	手続き先	提出時期	完了日
		育児休業（延長）取得			
12	育休期間中の保険料免除 延長	□育児休業等取得者申出書(新規・延長)／終了届	年金事務所	速やかに	／
		※事業主証明			
13	育児休業給付金（延長申請）	□育児休業給付金支給申請書 通常2カ月に1回の届け出（毎月も可能）	ハローワーク	ハローワーク指定日	―
		第1回（　／　～　／　）		／～／	／
		第2回（　／　～　／　）		／～／	／
		第3回（　／　～　／　）		／～／	／
		※本人証明・事業主証明 賃金台帳・出勤簿		―	―
		育児休業（再延長）取得			
14	育休期間中の保険料免除 再延長	□育児休業等取得者申出書(新規・延長)／終了届	年金事務所	速やかに	／
		※事業主証明			
15	育児休業給付金（再延長申請）	□育児休業給付金支給申請書 通常2カ月に1回の届け出（毎月も可能）	ハローワーク	ハローワーク指定日	―
		第1回（　／　～　／　）		／～／	／
		第2回（　／　～　／　）		／～／	／
		第3回（　／　～　／　）		／～／	／
		※本人証明・事業主証明 賃金台帳・出勤簿		―	―
		育児休業復帰			
16	育休期間中の保険料免除 終了	□育児休業等取得者申出書(新規・延長)／終了届	年金事務所	速やかに	／
		※事業主証明			
17	終了時の月額変更	□育児休業等終了時報酬月額変更届	年金事務所	速やかに	／
		※本人証明・事業主証明			
		子どもの養育開始時			
18	厚生年金標準報酬月額みなし（養育特例）	□養育期間標準報酬月額特例申出書・終了届	年金事務所	速やかに	／
		※本人証明・事業主証明 戸籍謄本等・住民票の写し			
19	厚生年金養育特例期間 終了	□養育期間標準報酬月額特例申出書・終了届	年金事務所	速やかに	／
		※本人証明・事業主証明			

・健康保険組合に加入の場合には、健康保険組合へ提出するものと健康保険組合を通じて提出するものがある。
・あくまでも標準的な流れを記載。
・社会保険料の免除の届け出および養育特例は、内容に変更がなければ終了の届け出は不要。

図表 3-3　育児関連社会保険手続きチェックリスト
　　　　　（男性従業員向け）

育児関連社会保険手続きチェックリスト（男性従業員向け）

社員番号		（ふりがな） 氏名				性別	男・女
生年月日	年　月　日（　　歳）			基礎年金番号			
健康保険番号				雇用保険番号			
配偶者出産予定日		年　　月　　日		子どもの出生日		年　　月　　日	

産後パパ①開始日	年　月　日	日間	産後パパ②開始日	年　月　日	日間
産後パパ①終了日	年　月　日		産後パパ②終了日	年　月　日	
育児休業①開始日	年　月　日	日間	育児休業②開始日	年　月　日	日間
育児休業①終了日	年　月　日		育児休業②終了日	年　月　日	

育休延長・再延 長終了日	延　長　　　年　　月　　日	最終職場復帰日	年　　月　　日
	再延長　　　年　　月　　日		

No.	手続き	必要書類等	手続き先	提出時期	完了日
1	出産育児一時金の申請 （一時金・内払金 支払・差額）	□出産育児一時金内払金支払依頼書・差額申請書 □出産育児一時金支給申請書 ※本人証明・医療機関等証明 　出産費用の領収書・明細書（写） 　産科医療補償制度加入の場合、その証明等	協会 けんぽ	出生後	／
2	出生児の扶養者異動 （出生児の扶養加入）	□健康保険被扶養者（異動）届 ※本人証明・事業主証明	年金 事務所	出生後 5カ日以内	／
産後パパ育休取得					
3	産後パパ育休① 育休期間中の保険料 免除	□育児休業等取得者申出書（新規・延長）／終了届 ※事業主証明	年金 事務所	休業開始 〜終了 1カ月以内	／
4	産後パパ育休① 終了時の月額変更	□育児休業等終了時報酬月額変更届 ※本人証明・事業主証明	年金 事務所	速やかに	／
5	産後パパ育休② 育休期間中の保険料 免除	□育児休業等取得者申出書（新規・延長）／終了届 ※事業主証明	年金 事務所	休業開始 〜終了 1カ月以内	／

No.	手続き	必要書類等	手続き先	提出時期	完了日
6	産後パパ育休② 終了時の月額変更	□育児休業等終了時報酬月額変更届 ※本人証明・事業主証明	年金事務所	速やかに	/
7	育休開始時賃金登録・受給資格確認・出生時育児休業給付金支給申請	□休業開始時賃金月額証明書 □育児休業給付受給資格確認票・出生時育児休業給付金支給申請書 ※本人証明・事業主証明 賃金台帳・出勤簿・育休申出書・母子手帳等	ハローワーク	子出生日の8週間経過日の翌日から2カ月を経過する日の属する月の末日	/
育児休業①取得					
8	育児休業① 育休期間中の保険料免除	□育児休業等取得者申出書（新規・延長）／終了届 ※事業主証明	年金事務所	休業開始～終了1カ月以内	/
9	育休開始時賃金登録・受給資格確認	□休業開始時賃金月額証明書 □育児休業給付受給資格確認票 ※本人証明・事業主証明 賃金台帳・出勤簿・育休申出書・母子手帳等 出生時育児休業給付金受給時は賃金月額証明書不要	ハローワーク	休業開始日から4カ月を経過する日の属する月の末日	/
10	育児休業① 育児休業給付金	□育児休業給付金支給申請書 通常2カ月に1回の届け出（毎月も可能）	ハローワーク	ハローワーク指定日	—
		第1回（　/　～　/　）		/ ～ /	/
		第2回（　/　～　/　）		/ ～ /	/
		第3回（　/　～　/　）		/ ～ /	/
		第4回（　/　～　/　）		/ ～ /	/
		第5回（　/　～　/　）		/ ～ /	/
		第6回（　/　～　/　）		/ ～ /	/
		※本人証明・事業主証明 賃金台帳・出勤簿		—	—
11	育児休業① 育休期間中の保険料免除 終了	□育児休業等取得者申出書（新規・延長）／終了届 ※事業主証明	年金事務所	速やかに	/
12	育児休業① 終了時の月額変更	□育児休業等終了時報酬月額変更届 ※本人証明・事業主証明	年金事務所	速やかに	/

No.	手続き	必要書類等	手続き先	提出時期	完了日
		育児休業②取得			
13	育児休業② 育休期間中の保険料免除	□育児休業等取得者申出書（新規・延長）／終了届	年金事務所	休業開始〜終了1カ月以内	／
		※事業主証明			
14	育児休業② 育児休業給付金	□育児休業給付金支給申請書 ※第1回は「育児休業給付受給資格確認票・(初回)支給申請書」で行う 通常2カ月に1回の届け出(毎月も可能)	ハローワーク	ハローワーク指定日	
		第1回（　／　〜　／　）		／〜／	／
		第2回（　／　〜　／　）		／〜／	／
		第3回（　／　〜　／　）		／〜／	／
		第4回（　／　〜　／　）		／〜／	／
		第5回（　／　〜　／　）		／〜／	／
		第6回（　／　〜　／　）		／〜／	／
		※本人証明・事業主証明 賃金台帳・出勤簿		—	—
15	育児休業② 育休期間中の保険料免除 終了	□育児休業等取得者申出書（新規・延長）／終了届	年金事務所	速やかに	／
		※事業主証明			
16	育児休業② 終了時の月額変更	□育児休業等終了時報酬月額変更届	年金事務所	速やかに	／
		※本人証明・事業主証明			
		育児休業（延長）取得			
17	育休期間中の保険料免除 延長	□育児休業等取得者申出書（新規・延長）／終了届	年金事務所	速やかに	／
		※事業主証明			
18	育児休業給付金 (延長申請)	□育児休業給付金支給申請書 通常2カ月に1回の届け出（毎月も可能）	ハローワーク	ハローワーク指定日	—
		第1回（　／　〜　／　）		／〜／	／
		第2回（　／　〜　／　）		／〜／	／
		第3回（　／　〜　／　）		／〜／	／
		※本人証明・事業主証明 賃金台帳・出勤簿		—	—
19	育児休業延長 育休期間中の保険料免除 終了	□育児休業等取得者申出書（新規・延長）／終了届	年金事務所	速やかに	／
		※事業主証明			

No.	手続き	必要書類等	手続き先	提出時期	完了日
20	育児休業延長終了時の月額変更	□育児休業等終了時報酬月額変更届 ※本人証明・事業主証明	年金事務所	速やかに	/
	育児休業（再延長）取得				
21	育休期間中の保険料免除 再延長	□育児休業等取得者申出書（新規・延長）／終了届 ※事業主証明	年金事務所	速やかに	/
22	育児休業給付金 （再延長申請）	□育児休業給付金支給申請書 通常2カ月に1回の届け出（毎月も可能）	ハローワーク	ハローワーク指定日	―
		第1回（　/　～　/　）		/ ～ /	/
		第2回（　/　～　/　）		/ ～ /	/
		第3回（　/　～　/　）		/ ～ /	/
		※本人証明・事業主証明 賃金台帳・出勤簿		―	―
23	育児休業再延長 育休期間中の保険料免除 終了	□育児休業等取得者申出書（新規・延長）／終了届 ※事業主証明	年金事務所	速やかに	/
24	育児休業再延長終了時の月額変更	□育児休業等終了時報酬月額変更届 ※本人証明・事業主証明	年金事務所	速やかに	/
	子どもの養育開始時				
25	厚生年金標準報酬月額みなし （養育特例）	□養育期間標準報酬月額特例申出書・終了届 ※本人証明・事業主証明 戸籍謄本等・住民票の写し	年金事務所	速やかに	/
26	厚生年金養育特例期間 終了	□養育期間標準報酬月額特例申出書・終了届 ※本人証明・事業主証明	年金事務所	速やかに	/

・産後パパ育休の期間が変更になった場合には、社会保険料免除終了の届け出が必要。
・健康保険組合に加入の場合には、健康保険組合へ提出するものと健康保険組合を通じて提出するものがある。
・あくまでも標準的な流れを記載。
・社会保険料の免除の届け出および養育特例は、内容に変更がなければ終了の届け出は不要。

CASE 15 | 育児休業期間中の社会保険料の免除の扱いを間違えてしまった！

Q 当社では、さまざまな長さの育児休業を取得する従業員がいますが、今回、1月14日から2月25日まで育児休業を取得した従業員について、1月分および2月分の社会保険料を給与から控除しなかったところ、従業員から「2月分の社会保険料は払わなくてもよいのでしょうか」と問い合わせがありました。2月も25日間の育児休業を取得していますが、社会保険料は免除にならないのでしょうか。

A 一律に「1カ月14日以上の休業があれば免除」となるのではなく、①「月末」に育児休業等を取得している月の保険料が免除となり、これに加えて2022年10月1日からは②育児休業等の開始日と終了日が同じ月にあって育児休業等の日数が14日以上の場合にも月額保険料が免除されることになりました。また、産後パパ育休中の合意による就業日は、育児休業等の日数に含まれず、保険料の免除の扱いに影響が及びます。

👆 これだけは押さえたい！

1. 複雑化する育児休業

2022年4月1日に施行された改正育児・介護休業法では、男性の育児休業の取得促進策として、出生時育児休業（産後パパ育休）が新設されたり、原則子どもが1歳に達するまでの育児休業が2回に分割して取得できるようになったりと、大幅な制度変更が行われました。これに伴い、子どもが1歳に達するまでといった比較的長期にわたる育児休業等の取得のほか、短期間の育児休業等を複

図表3-4　産後パパ育休・育児休業の概要

	産後パパ育休	育児休業
取得可能日数	子の出生後8週間以内に4週間まで	原則子が1歳(最長2歳)まで
申し出期限	原則休業の2週間前まで	原則1カ月(1歳以降は2週間)前まで
分割取得	分割して2回取得可能	
休業中の就業	労使協定を締結することで就業可能	原則就業不可

数回取得するといった、従業員の選択による柔軟な取得が可能となりました（図表3-4）。

2. 社会保険料の免除

　会社や従業員が負担する社会保険料（健康保険料・介護保険料・厚生年金保険料）は、毎月、標準報酬月額に基づき保険料額が決定する月額保険料と、支給の都度、支給額により保険料額が決まる賞与保険料に分かれています。

　育児休業等のうち、一定の要件を満たした場合には、図表3-5のとおりその期間中の社会保険料が免除となります。図表3-5上段①の2カ月目のように、1カ月14日以上の育児休業等の日数があっても、開始日が終了日の属する月より前の月にある場合は免除となりません。

3. 育児休業等の取得と休業期間中の就業

　育児休業等は、子どもの養育のための休業であり、本来、休業の途中での就業は予定されていません。

　ただし、産後パパ育休では、労使協定を締結した上で、従業員が休業期間中の就業を希望する場合は、事前に予定した日時に就業が

図表 3-5　保険料の種類と育児休業期間中の免除

保険料の種類	育児休業期間中の免除	免除対象となる保険料
月額保険料	①月末に育児休業等を取得している場合 免除（1カ月目）／免除されない（2カ月目） 育休等（日数問わず）	育児休業等開始日の属する月から育児休業等終了日の翌日が属する月の前月までの期間
月額保険料	②休業開始日と終了日が同月にあり、育児休業等を14日以上取得している場合 免除／免除されない 育休等（14日以上）	育児休業等を取得した月
賞与保険料	③連続した1カ月を超える育児休業等を取得した場合 免除（1カ月目）／免除されない（2カ月目） 育休等（1カ月を超える）	月末に育児休業等を取得している月に支給した賞与

できます（以下、合意による就業）。この合意による就業は、法令で就業可能日数や就業可能時間数に上限が定められています。

　この合意による就業に加え、例外的な取り扱いとして、育児休業等の期間中であっても子どもを養育する必要がないときに、一時的・臨時的に就労することが想定されます（以下、一時的・臨時的就労）。一時的・臨時的就労は、例外的な取り扱いであり、定期的・恒常的な就労となる場合には、育児休業等が終了する理由になる点に注意が必要です。

4. 休業期間中の就業と社会保険料の免除

　育児休業等の期間中に就業した場合の社会保険料の免除の取り扱いでは、月額保険料における14日以上の育児休業等の日数に、合

意による就業をした日を含めず、一方で賞与保険料の1カ月を超える育児休業等の日数には含めます。

なお、一時的・臨時的就労をした日は、月額保険料および賞与保険料ともに育児休業等の日数に含みます。

5. 休業期間中の就業と育児休業給付

育児休業等の取得に対して、一定の要件を満たした場合には、雇用保険から育児休業給付の給付金が支給されます（**CASE17** 参照）。育児休業等の期間中に就業した場合、その就業日数や就業時間数、支給される給与の額によって、育児休業給付の給付金が支給されなくなったり、一部減額になったりすることがあります。ここでの詳細は割愛しますので、厚生労働省が公開する「育児休業給付の内容と支給申請手続」（パンフレット）を確認するとよいでしょう。

何をすべきか～リカバリー策

社会保険料は、会社からの各種届け出に従い、会社および従業員が負担すべき額を年金事務所等が計算し納付すべき額を会社に通知します。会社は、従業員が負担すべき社会保険料を給与からの控除等により徴収し、会社負担分と合わせて年金事務所等に納付します。

育児休業等の期間中の社会保険料は、従業員からの育児休業等の申し出に従い、会社が、従業員や子どもの氏名、育児休業等の開始年月日・終了予定年月日、その他必要な情報を申出書に記載し、届け出ることにより会社および従業員が負担すべき額の徴収が免除されます。年金事務所等はその申し出に従って、免除の対象となる社会保険料を特定し、会社が納付すべき納付額から免除分を加味（納付額から免除分を減額）して納付額を通知します。

したがって、今回のケースでは、休業開始日と終了日について適

正な日にちを記載して届け出をしていれば、年金事務所等へ納付する社会保険料は正確な額となっており、手続きについて修正する必要はありません。

　ただし、本来、従業員から徴収すべき社会保険料を徴収していないため、追加徴収する必要があります（具体的な方法は **CASE1** 参照）。この際、育児休業等で収入が少ないこともあるため、少しでも収入が増える雇用保険の育児休業給付が支給されたタイミングで追加の保険料を徴収するといった配慮も考えたいところです。

1. 育児休業等の取得に係る一覧表

　育児休業は、柔軟な取得ができるようになった一方で複雑化しているため、取得期間や取得回数を会社が適正に管理していくことで、適切でミスが起きにくい手続きにつながります。今回のようなケースの発生を防ぐためには、社会保険料の管理を主軸においたものとして、図表3-6のように育児休業等の取得期間と、その取得に対する月額保険料および賞与保険料の免除を育児休業等取得一覧表で記録していくことが考えられます。

2. 育児休業等期間中の就業に備えた策

　産後パパ育休での合意による就業の影響もあり、原則子どもが1歳に達するまでの育児休業の期間中であっても、従業員に働いてもらえるという誤解が生じているように思われます。男性の育児休業等が増えるにしたがって、育児休業等の期間中に働くことを希望する従業員も確実に増えてくるでしょう。

　そのため、育児休業等の制度や目的の正しい理解が重要になります。さらに、産後パパ育休における合意による就業の希望の確認を

するとともに、働く場合には社会保険料の免除の取り扱いや、雇用保険の育児休業給付の支給の有無や支給額に影響が出る可能性があることについて、事前に図表 3-7 のような説明資料を配布することが考えられます。

図表 3-6　育児休業等取得一覧表（例）

育児休業等取得一覧表

社員番号		(ふりがな) 氏名			性別	男・女
出産予定日	年　　月　　日		子どもの出生日		年　　月　　日	

育児休業等の期間				社会保険料の免除	
産後パパ①開始日	年　月　日	日間	月額保険料	月末（　月～　月）・ 月中 14 日以上（　月）	
産後パパ①終了日	年　月　日		賞与保険料	1 カ月以内・ 1 カ月超（月末：　月～　月）	
産後パパ②開始日	年　月　日	日間	月額保険料	月末（　月～　月）・ 月中 14 日以上（　月）	
産後パパ②終了日	年　月　日		賞与保険料	1 カ月以内・ 1 カ月超（月末：　月～　月）	
育児休業①開始日	年　月　日	日間	月額保険料	月末（　月～　月）・ 月中 14 日以上（　月）	
育児休業①終了日	年　月　日		賞与保険料	1 カ月以内・ 1 カ月超（月末：　月～　月）	
育児休業②開始日	年　月　日	日間	月額保険料	月末（　月～　月）・ 月中 14 日以上（　月）	
育児休業②終了日	年　月　日		賞与保険料	1 カ月以内・ 1 カ月超（月末：　月～　月）	
育休延長開始日	年　月　日	日間	月額保険料	月末（　月～　月）・ 月中 14 日以上（　月）	
育休延長終了日	年　月　日		賞与保険料	1 カ月以内・ 1 カ月超（月末：　月～　月）	
育休再延長開始日	年　月　日	日間	月額保険料	月末（　月～　月）・ 月中 14 日以上（　月）	
育休再延長終了日	年　月　日		賞与保険料	1 カ月以内・ 1 カ月超（月末：　月～　月）	

※月中 14 日以上は、同月中に開始日と終了日があるときのみ免除の対象となる。
※産後パパ育休における合意による就業の就業日数は除外する。
※賞与保険料は、開始日から終了日の暦日数で判断する。

図表 3-7　育児休業中の勤務に関する留意点（例）

年　月　日

育児休業の取得を検討中の従業員各位

総務部長　○○○○

育児休業中の勤務に関する留意点

　育児休業中は、育児に専念する期間となっています。そのため育児休業中は、勤務しない（できない）期間となります。下記のとおり、一部例外がありますが、例外により勤務したときには、育児休業中の社会保険料の免除や、育児休業の取得に対して支給される給付金に影響が出る可能性があるため、事前にご認識をお願いします。

記

1. 育児休業中の勤務の例外

　育児休業中は、原則、場所や時間、その他の内容にかかわらず勤務することは認められていません。ただし、例外として、以下の2点があります。
①産後パパ育休（子どもが生まれてから8週間以内で、4週間までの育児休業）は、事前に調整することで勤務することができる場合があります
②育児休業中に突発事案が発生した場合等には、例外的に勤務することができる場合があります

　①に基づき勤務を希望する場合には、決まった手続きを経る必要がありますので、早めに総務部までお申し出ください。②についても事案発生時、速やかにお申し出いただくようお願いします。

2. 育児休業中に勤務した場合の留意点

　育児休業中に勤務した場合には、以下のような取り扱いになりますので、事前にご了承ください。詳細の内容は、育児休業や勤務の状況により異なるため、個別にお問い合わせください。
・給与について
　　時給者は育児休業に入る前の時給額で勤務した時間数分を支給します。月給者は育児休業前の月額賃金を時給額に換算し、育児休業中に勤務した時間数分を支給します。ただし、勤務内容や勤務場所によって異なる取り扱いをすることがあります。
・社会保険料の免除について
　　一定の基準に沿って育児休業中は社会保険料が免除されます。ただし、育児休業中に勤務したときは、この免除の取り扱いが変更になることがあります。
・育児休業給付について
　　育児休業中は無給となるため、雇用保険から給付金が支給されることがありますが、育児休業中に勤務した場合、給与が支給されることになるため、給付金が減額されたり、支給されなくなったりすることがあります。

以上

男性従業員から
養育期間の特例の申し出があった！

Q 当社の１歳の子どもを育てる男性従業員から「小さい子どもを育てている間は、給与が下がっても将来の年金が減らないようにできると聞いたのですが、会社はその手続きをしていますか？」と聞かれました。厚生年金保険の養育特例の手続きのことだと思うのですが、男性従業員についても確認をして届け出るべきなのでしょうか？

A 養育特例は、３歳未満の子どもを養育する従業員の申し出により適用する手続きであり、従業員の性別にかかわらず要件に該当し、届け出を行った場合に適用されます。該当していたのであれば、過去２年間にさかのぼって届け出るほうがよいでしょう。

これだけは押さえたい！

　育児のために短時間勤務をしたり残業ができなくなることにより、育児を行う前よりも労働時間（残業時間を含む）が減少することなどに連動して給与の絶対額が低下することがあります。この結果として、算定基礎や月額変更によって、標準報酬月額も低下し、最終的には、将来の年金額も低下することがあります。

　そのため、３歳未満の子どもを養育する厚生年金保険の被保険者であって、子どもを養育することにより標準報酬月額が低下する場合には、子どもが生まれる前の標準報酬月額に基づいて年金額を計算する「養育期間の従前標準報酬月額のみなし措置」（以下、養育特例）が設けられています。養育特例は厚生年金保険のみに適用さ

れ、将来の年金額は減ることがない一方、子どもを養育すること等で低下した通常の給与額により決定された標準報酬月額に基づいた厚生年金保険料が徴収されます。なお、健康保険の給付を受けるときは、低下後の標準報酬月額を用いて計算されます。

何をすべきか〜リカバリー策

　養育特例は任意の届け出であり、対象となった従業員の申し出に基づいて適用されます。そのため、養育特例の対象となる期間がある場合に、届け出が行われていなくても問題にはなりません。

　ただし、厚生年金保険料の負担は減る一方、将来の年金額が低下しないというメリットがあるため、実務上は従業員に対して制度の説明を行い、養育特例の申し出をすることを勧めておくとよいでしょう。

　届け出の様式には、申出者（従業員）および事業主の欄が設けられており、①戸籍謄（抄）本または戸籍記載事項証明書、②住民票の写し（マイナンバーの記載がないもの）の2点（いずれもコピー不可）を添付することが必要になります。②については、従業員と子どものマイナンバーを申出書に記載することで添付を省略できます。①により、従業員と子どもの身分関係や子どもの生年月日が確認され、②により、従業員と子どもが同居しているかや養育の状態が確認されます。これらの書類は、届け出日からさかのぼって90日以内に発行されたものが必要であるため、添付書類を用意する際には、その書類が発行された日付を忘れずに確認します。

　さかのぼることができる期間は、申し出日が含まれる月の前月までの2年が最長であることから、子どもが1歳であるこのケースでは、養育を開始したときまでさかのぼることができると思われます。

　さかのぼる場合には、さかのぼって適用する日を様式の養育開始年月日に記載の上、その期間に養育していることが確認できる書類を

添付します。通常の届け出に必要な戸籍謄本等や住民票の写しを取り寄せることで、さかのぼりたい養育期間の証明ができるため、原則としてそれ以外に必要となる書類等はありません。届け出の際には、さかのぼる期間と証明の内容が合っているかの確認をしておきましょう。

今後のために〜防止・改善策

　養育特例は、育児休業等終了時の月額変更によって標準報酬月額が低下することを受けて届け出をすることが多いため、育児休業等終了時の月額変更とセットの手続きだと考えられていることがあります。ただし、養育特例の手続きは、通常の月額変更や算定基礎により標準報酬月額が低下した場合にも、要件に該当していれば当然、対象となります。

　最近は徐々に男性の育児参加が進み、育児休業等を取得したり、育児休業等は取得しないものの、子どもの誕生に伴い労働時間（残業時間を含む）を短くしたりする男性従業員も増えていることでしょう。標準報酬月額が低下した場合には、男女を問わず忘れずに届け出をしたいものです。

　そのためには、対象となる可能性のある従業員を中心に、制度の周知をすることが重要です。図表 3-8 のような養育特例の周知文により会社から従業員に周知することで、制度の対象となる従業員に申し出を促すことができます。3 歳未満の子どもを養育する従業員について、養育前と比べて標準報酬月額が下がったかどうかの管理を会社が行うことは、相当煩雑で手間のかかる作業となり、また、そもそも従業員の申し出に基づく届け出であることも考え合わせ、こうした方法によって従業員自身の意識を高めることで、手続きのミスや漏れを防止しましょう。

図表 3-8 養育特例の周知文（例）

年　月　日

子育て中の従業員各位

総務部長　○○○○

厚生年金の年金額の計算の特例について

　当社では、仕事と育児の両立支援のためのさまざまな支援策を整備していますが、今回、「厚生年金保険の養育期間の特例」について、下記のとおりお知らせします。

記

　厚生年金保険の養育期間の特例とは、3歳未満の子どもの子育てをする中で労働時間（残業時間を含む）が減少することなどに伴い給与が減少することで、将来の年金額が減少することを防ぐために設けられた制度です。子育て中の標準報酬月額が、子どもが生まれる前よりも下がった場合に年金事務所に届け出を行うことになります。

1. 制度が利用できる従業員

　3歳までの子どもを養育する従業員で、希望する人
※性別にかかわらず利用できます。

2. 制度利用のメリット

　子育てに当たり、短時間勤務をしたり、残業時間が減ったりすることなどで給与が減少し、社会保険の標準報酬月額も低下することがありますが、この制度を利用することで、標準報酬月額が低下しても、原則、子どもが生まれる前の標準報酬月額で将来の年金額が計算されることになります。

3. 制度利用のデメリット

　制度の利用に当たり、原則として以下の書類を提出していただきます。書類取得に費用がかかる場合の負担は対象となる従業員のみなさまになりますので、ご了承ください。
①戸籍謄（抄）本または戸籍記載事項証明書
②住民票の写し（マイナンバーの記載がないもの）
※②については、従業員とお子さまのマイナンバーを申出書に記載することで、提出が不要となります。
※書類の記載内容に指定がありますので、事前にご確認ください。

4. 手続きの方法

　制度の利用を希望する従業員は、総務部までご連絡ください。届け出の様式と提出する書類の留意点を記載した案内をお送りします。

以上

CASE 17 | 育児休業給付金の延長申請を間違えてしまった！

Q 子どもが1歳に達するまでの育児休業の取得を申し出ている従業員から、子どもを保育所に預けることができないため、子どもが1歳6カ月に達するまで育児休業を延長することの申し出がありました。延長の手続きを滞りなく進めたつもりでしたが、その従業員から、「今回振り込まれた育児休業給付金がいつもより少ないと思う」と連絡があり確認をしたところ、育児休業給付金における延長の申請が行われておらず、子どもが1歳になったところで育児休業から復帰したという内容で申請が終わっていました。今からでも訂正ができるのでしょうか？（出産日：8月10日）

A 育児休業給付金の支給に誤りがあった場合には、その額にかかわらず誤った支給単位期間分をハローワークにいったん返金し、再度、正しい支給単位期間分で申請します。今後は育児休業制度に関する従業員の理解を高めるようにするとともに、育児休業等取得者の状況を適切に把握するようにしましょう。

これだけは押さえたい！

1. 育児休業給付の内容

育児休業給付には、出生時育児休業（産後パパ育休）を取得し、一定の要件を満たしたときに支給される「出生時育児休業給付金」と、原則子どもが1歳に達するまでの育児休業を取得し、一定の要件を満たしたときに支給される「育児休業給付金」があります。

出生時育児休業給付金と育児休業給付金は似た制度ですが、提出

時期や就業した場合の賃金の考え方等、細かな点で違いがあります。申請時には、厚生労働省が公開する「育児休業給付の内容と支給申請手続」（パンフレット）を確認するとよいでしょう。

2. 育児休業給付金の支給単位期間

育児休業給付金が支給されるのは、原則、子どもが1歳に達する日前までの、育児休業を取得している期間です。子どもが1歳に達する日後に保育所に入所できない等の一定の理由に基づき育児休業を延長するときには、最長で子どもが2歳に達する日前まで育児休業給付金が支給されます。

育児休業給付金は、「支給単位期間」を一つの単位として支給されます。この支給単位期間とは、育児休業開始日から起算して1カ月ごとに区切った各期間のことを指します。区切られた1カ月の間に育児休業終了日または子どもが1歳に達する日が含まれる場合は、その育児休業終了日または子どもが1歳に達する日（1歳の誕生日の前日）の前日までが一支給単位期間となります。

このケースの場合、図表3-9のとおり、育児休業開始日が10月6日となり、支給単位期間の［その1］が「10月6日〜11月5日」、［そ

図表3-9　女性の被保険者で、産後休業後引き続き子どもが1歳に達する日まで育児休業をした場合の支給単位期間

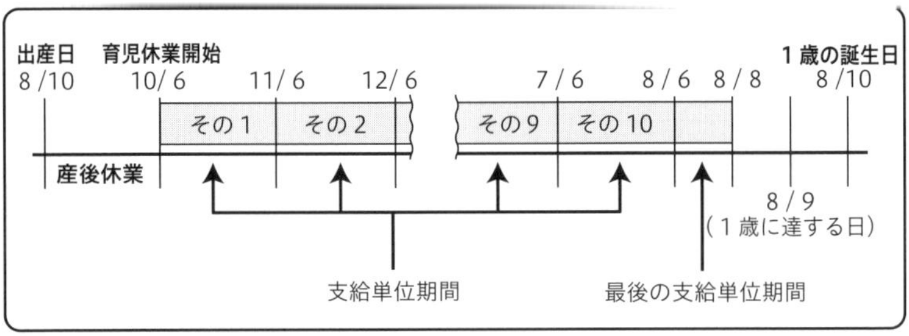

資料出所：厚生労働省「雇用保険事務手続きの手引き」

の2］が「11月6日〜12月5日」、そして延長前の最後の支給単位期間が「8月6日〜8月8日」となります。なお、育児休業を1歳6カ月まで延長すると、従前の最後の支給単位期間が「8月6日〜9月5日」へと変更になります。育児休業を2回に分割して取得した場合は、それぞれの育児休業で支給単位期間を考えます。

何をすべきか〜リカバリー策

1. 返金と追加の申請

このケースは、育児休業が延長になり、従前の最後の支給単位期間が変更されたにもかかわらず、従前の最後の支給単位期間のまま延長申請を行わなかったことになります。

育児休業給付金は、支給単位期間ごとに育児休業給付金の支給要件を判断して支給額が決定されるため、このケースでは本来、下記［B］の「延長後の支給単位期間」によって、要件を判断する必要があります。修正するためには、延長前の支給単位期間［A］に基づいて支給された育児休業給付金を従業員がハローワークにいったん返金し、その上で、あらためて延長後の［B］の申請を行うことになります。［A］と［B］の間で給付金の相殺は行われないことが留意点となります。

> ［A］延長前の支給単位期間：8月6日〜8月8日
> ［B］延長後の支給単位期間：8月6日〜9月5日

返金の具体的方法は、①ハローワークに直接、返金すべき現金を持参する方法と、②ハローワークが発行する納付書により金融機関で振り込む方法の二つがあります。返金および延長後の支給単位期間に対する育児休業給付金の手続きを行うときには、市区町村により発行された、保育所による保育が実施されないことの証明書等、

育児休業給付金の延長事由に該当したことが証明できるものが必要です。

　なお、ハローワークによっては、追加で書類の提出を求められることがあるため、申請内容に誤りがあった場合には、所轄のハローワークに事前に確認の上、指示に従うとよいでしょう。

2. 申請誤りのその他の事例

　育児休業給付金に関しては、当初の予定より早めに育児休業から復帰（職場復帰）した場合にも、申請を誤ることがあり得ます。

　例えば、育児休業給付金の支給単位期間の末日より前に職場復帰した場合、育児休業給付金の申請書には職場復帰の日付を記入しなければならないのに、この手続きを行わず、職場復帰日以降の期間についても育児休業給付金を申請してしまうケースです。この誤った申請に基づき、職場復帰日以降も育児休業給付金が支給された場合には給付金の受け取り過ぎとなり、支給された育児休業給付金をいったん全額返金し、正しい支給単位期間で再度申請を行わなければならないことから、今回のケースと併せて誤りがないよう注意しましょう。

　育児休業給付は従業員に直接支給されるものであり、給付金の受け取り過ぎとなったときには従業員本人からハローワークへの返金が求められることから、処理が特に複雑化します。また、返金額が大きくなる場合には、いったん会社に立て替えてほしいといった要望が出る可能性もあります。申請時には、申請期間に誤りはないかを確認した上で対応することが求められます。

　育児休業等を取得している従業員とは、他の従業員と比べてコミュニケーションが減りがちです。そのため、育児休業等からの復帰日や延長の見込みなどが把握しづらい状況となり、対応が遅れることもあるため、定期的に連絡を取り、状況を確認することが望まれます。

　特に、当初の育児休業等の期間から変更があるときは、育児休業給付の申請以外にも社会保険料の免除期間の変更などの手続きも出てきます。**CASE14** のチェックリストも参考にするとよいでしょう。

　また、育児短時間勤務制度を利用するといった復帰後の働き方も事前に確認することで、復帰後の業務の調整もしやすくなります。図表3-10のような育児休業取得中の従業員への面談に関する案内を利用して、面談の実施や復帰（延長）に向けた調整を行っておきましょう。

図表 3-10　育児休業取得中の従業員への面談に関する案内（例）

年　　月　　日

○○○○様

総務部　○○○○

育児休業終了前の面談に関するご連絡

　　○○さんが育児休業に入ってから早くも○カ月がたちましたね。育児はいかがでしょうか。仕事とはまったく異なる生活で、たいへんなことも多いと想像しています。
　　さて、残るところ○カ月ほどで育児休業の終了日となります。育児休業から復帰した後の仕事のことなどを含め、一度、面談の場を設けたく、ご連絡しました。ご希望によっては、お子さま同伴での面談も可能ですので、事前にご連絡ください。なお、保育所等に入所できないこと等により、予定どおりの復帰が難しいといった状況があるようでしたら、早めにお知らせください。
　　○○さんの育児休業からの復帰を、従業員一同お待ちしています。

記

1. 候補日時
　　以下の日時から希望日を選択の上、ご連絡ください。
　　①○月○日（○）　○時〜○時
　　②○月○日（○）　○時〜○時
　　③○月○日（○）　○時〜○時
　　※所要時間は○時間程度です。

2. 面談場所と面談者
　　本社　第1会議室（※お子さま同伴も可能）
　　※オンラインでの面談をご希望の場合は、ご連絡ください。
　　総務部　課長○○、○○の2名を予定

3. 持ち物等
　　特にありませんが、育児休業から復帰した後の働き方について事前に考えておいてください。

4. 連絡先
　　総務部○○（電話：00-0000-0000、メール：×××××@×××××.co.jp）

以上

CASE 18 育児休業取得中の従業員に賞与を支給することを忘れていた！

Q 当社の夏季賞与の算定対象期間は、11月1日から翌年4月30日までです。7月10日に夏季賞与を支給したところ、育児休業を取得している従業員から、「私にはなぜ、夏のボーナスが支給されないのですか？」との問い合わせがありました。確認したところ、2月1日から産前産後休業を取得し、その後、引き続き育児休業を取得していたことから、算定対象期間の出勤率が低いと判断し、賞与を支給しない扱いとなっていました……。

A 育児休業等を取得している従業員であっても、賞与の算定対象期間に勤務した期間があるときには、その勤務した期間に対する賞与を支給する必要があります。追加で賞与を支給するとともに、社会保険料の免除および賞与支払届の提出を忘れないようにしましょう。

これだけは押さえたい！

　育児・介護休業法では、育児休業等の取得等を理由とする解雇その他不利益な取り扱いを禁止しているため、賞与支給日に育児休業等を取得していたとしても、賞与の支給額を決定するために勤務成績や人事考課、業績を判断するための一定の期間（以下、算定対象期間）に勤務した期間があれば、少なくともその期間に対する賞与は支給しなければなりません（同法10条）。

　育児休業等期間中は、申し出により社会保険料が免除されますが、免除の対象には育児休業等期間中の月額保険料だけでなく、賞与保

険料も含まれます。免除の対象となる保険料は、**CASE15** を参照してください。

　なお、毎月の給与や賞与の支給額に雇用保険率を乗じて計算する雇用保険料には、免除の制度はありません。

　また、育児休業等期間中に給与を支給すると育児休業給付の支給額に影響することがありますが、賞与を支給した場合は影響はありません。

何をすべきか～リカバリー策

1. 賞与の追加支給

　このケースのように賞与を支給すべき従業員に支給していなかったのであれば、速やかに賞与計算を行い、追加で支給することが求められます。

　給与と異なり、賞与には毎月1回以上払いの原則は適用されませんが、支給日に支給されていないのは、労働契約の内容と実態とが異なることになり、当然、問題になります。

2. 賞与支払届の提出

　賞与を追加で支給したときには、その賞与にかかる賞与支払届も年金事務所等に届け出る必要があります。もし、他の従業員の賞与支払届をまだ届け出ていないときには、その賞与支払届に対象者を追加で記入して届け出を行います。このケースでは、他の従業員と追加で支給するこの従業員の賞与支払日が異なることになると思われるため、賞与支払届に記入する「賞与支払年月日」には、それぞれ実際に支給した日を記入します。

　すでに賞与支払届を提出している場合には、対象従業員について新たな賞与支払届を作成し、届け出を行うことになります。

一定の育児休業等期間中に支給した賞与は、申し出をすれば社会保険料の徴収が免除となる（**CASE15**参照）ことから、賞与支払届の提出も不要と考えやすいですが、支給した賞与については将来の年金額の計算に反映され、また、年金事務所等で標準賞与額を決定し年度単位の賞与支給の累計額に含めることになっているので、必ず届け出なければなりません。

3. 所得税の納付額の変更等

育児休業等期間中の従業員であっても、賞与の支給時期や支給額によって所得税がかかることがあります。追加で賞与計算をしたときに所得税が発生した場合には、**CASE2**で解説したように、所得税の納付額を変更したり、追加で納付することが必要になります。

今後のために～防止・改善策

算定対象期間のすべてを勤務したような、いわゆる通常勤務の従業員については、一般的な方法で賞与の支給額を決定し、賞与計算を行えば処理が完了します。

しかしながら、育児休業等期間中の従業員のように、賞与の支給額の決定や社会保険料の取り扱い等が、通常勤務の従業員と異なる場合は、賞与の支給額の決定方法について、説明を求められることもあります。

支給額の決定根拠を明確にし、賞与計算のミスを防止するためには、図表3-11のような賞与支給額計算シートを用いることも一つの方法として考えられます。社会保険料が免除となるか否かは、**CASE14**の図表3-2・3-3の一覧表も参考にするとよいでしょう。

図表 3-11　賞与支給額計算シート（例）

賞与支給額計算シート（　　　月　　　日支給）

社員番号		氏名		
賞与種類	夏季・冬季・決算	算定対象期間	年　月　日～　年　月　日 （暦日　　　日、要出勤日数　　　日）	
出勤	日	欠勤	日	入社前・退職後［不就労］　　日
年休	日	特休(有給)	日	特休(無給)［不就労］　　日
法定休暇 （看護・介護・公民権行使等）	日	休職	日	休業 （産休・育休等・介休）　　日
支給額計算式	［　　　円］ × 　カ月分 × 　　　％ × 　　　％ 　賞与基礎額　　　支給月数　　　勤務成績　　　人事考課			
支給額	円	社会保険料控除	有 ・ 無	

第4章

こんなときどうする !?

賞与

賞与の支給に関するケース

CASE 19 | 新入社員に賞与を多く払い過ぎてしまった！

Q 当社では、夏季賞与について基本給の2カ月分をベースに勤務成績と人事考課を反映し、支給額を決定しています。今年4月に入社した従業員から、「同期とボーナスの話をしていたら、私だけ支給額が多いような気がしてきました。このまま受け取ってもよいのでしょうか？」との問い合わせがありました。確認したところ、新入社員には寸志として5万円を支給するところ、この従業員のみ基本給の2カ月分を支給していました……。

A 過支給となっている賞与分を返金してもらうことになりますが、賞与の計算方法は給与とは異なるため、返金額の計算に注意しましょう。新入社員や休職中の従業員等については、賞与額を個別に確認することが重要です。

これだけは押さえたい！

　一般的に賞与は「ボーナス」とも呼ばれ、給与とは別に、半年に一度といったタイミングで支給されるものを指します。

　労働基準法や健康保険法、厚生年金保険法、所得税法において、賞与は給与と分けて扱われているように、給与計算（賞与計算の意味も含む）においても、賞与は給与と分けて扱われているため、社会保険料や所得税の計算では、その違いを把握して正確な計算を行うことが求められます。

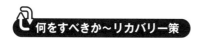

1. 過支給分の返金処理

　このケースでは、賞与の支給額に誤りがあったことを本人に説明し、正しい支給額で再度、賞与計算を行い、過支給分の返金を求めることになるでしょう。

　誤って支給した額と正しく計算した額との差額を現金で返してもらうこともありますが、従業員本人の希望に基づき、翌月以降の給与で差額を調整することもあります。

　その際、過支給額を翌月以降の給与の支給額から単純に減らすのではなく、賞与にかかる社会保険料についても再度、計算して調整する（このケースでは過控除となっていた社会保険料を返金する）必要があることに留意しなければなりません。賞与の社会保険料は標準報酬月額を用いる給与計算とは異なり、賞与の支給額に基づいた標準賞与額に各保険料率を乗じるからです。

　また、賞与の支給額が減ることや社会保険料が減額になることに連動して、所得税額も減額となる可能性が高いことから、単純に給与の総支給額から過支給分を減額すると、社会保険料や所得税の計算を誤ることになります。

2. 賞与支払届の訂正および所得税の調整

　賞与を支給したら、社会保険の賞与支払届を提出します。そのため、賞与の支給額を修正したときには、賞与支払届の内容も訂正が必要です。

　賞与の支給後、賞与支払届を年金事務所等に提出していない場合には、再計算後の内容に書き換えてから提出します。提出済みのときには、一般的には通常の賞与支払届に訂正前後の金額を記入して提出します。ただし、訂正方法の取り扱いは年金事務所等により異なることがあるため、所轄の年金事務所等に事前に確認をしてから

給与計算における所得税額の大まかな算出方法

　給与計算では、給与の総支給額（STEP1）から通勤手当等の非課税手当の額を控除し（STEP2）、さらに社会保険料等の金額を控除した額を求めます（STEP3）。その上で、扶養控除等申告書に記載された「扶養親族等の数」に基づき所得税額を求めます（STEP4）。

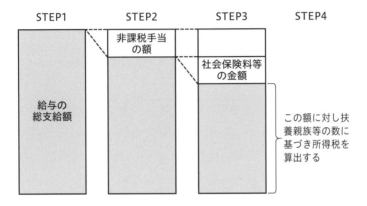

　そのため、給与計算後に以下のようなケースが発生すると、すでに算出された所得税額も変更になる可能性が出てきます。

- 給与の総支給額が変更になる
- 非課税手当の額が変更になる
- 社会保険料等の金額が変更になる
- 扶養親族等の数が変更になる

　また、STEP3の社会保険料等の金額は、社会保険料が標準報酬月額で決定され、雇用保険料が雇用保険率を乗じて算出されることから、以下のようなケースが発生したときは、所得税を算出する前に社会保険料等の金額を算出する必要があります。

- 給与から控除する社会保険料の基となる標準報酬月額を間違えた
- 社会保険や雇用保険の料率が変更になった
- 新たに40歳となり介護保険料の控除の対象になった

行ったほうがよいでしょう。

　また、所得税についても過納付となっている可能性が高いため、納付を行っていない場合には納付額の訂正を行い、すでに納付を行っている場合には還付または充当の処理をします。還付または充当の処理については、**CASE11** を確認してください。

今後のために～防止・改善策

1. 賞与支給額の決定ルールの明確化

　給与計算や賞与計算で誤りを発生させないためには、まずは給与規程等でルールを明確にしておく必要があります。賞与の支給について規定する際は、以下のポイントを押さえておきます。

(1) 支給時期の変更や不支給となる可能性

　一般的には給与規程等に賞与に関する規定を盛り込みますが、会社の業績等によっては、支給時期をずらしたり、賞与を支給しないこともあり得ます。賞与について給与規程等に規定する場合、支給額を柔軟に決定することや、支給しないことも可能です。

　急激な業績の悪化等、万が一の事態を想定し、不支給となる可能性等を給与規程等に記載しておくことが望まれます。

(2) 賞与算定対象期間と賞与支給時期

　賞与支給額を決定するに当たり、少なくとも算定対象期間と賞与支給時期は明確にしておいたほうがよいでしょう。これにより、算定対象期間の中途に入退社した従業員の取り扱い等のルールを決定する基礎ができます。

(3) 賞与支給日に退職している従業員の取り扱い

　賞与は、給与の後払い的性格を持っているとされることもあり、算定対象期間に在籍していたのであれば、賞与支給日に退職していても賞与を支給するべきとも考えられます。

しかしながら、賞与支給日に在籍した従業員に支給対象者を限定する「支給日在籍要件」を給与規程等に規定することにより、算定対象期間の途中で退職し、支給日に在籍しない従業員には賞与を支給しないことが認められています（大和銀行事件　最高裁一小　昭57.10. 7判決）。

　厚生労働省が公開するモデル就業規則（令和4年11月版。図表4-1）は、前記 **(1)** と **(2)** を踏まえた規定例となっており、**(3)** については「賞与の支給対象者を一定の日（例えば、6月1日や12月1日、又は賞与支給日）に在籍した者とする規定を設けることで、期間の途中で退職等し、その日に在職しない者には支給しないこととすることも可能」と解説しています。例えば、図表4-1の第1項本文の「算定対象期間に在籍した労働者に対し」を「算定対象期間に在籍し、かつ賞与支給日に在籍している従業員に対し」と変更することで、**(3)** の内容を盛り込むことができます。

　まずは、自社の給与規程等を確認するとともに、もう一歩踏み込んで、勤務成績による賞与支給額の増額・減額ルールや人事考課の

図表4-1　厚生労働省が公開するモデル就業規則の賞与の条項

> **（賞与）**
> **第50条**　賞与は、原則として、下記の算定対象期間に在籍した労働者に対し、会社の業績等を勘案して下記の支給日に支給する。ただし、会社の業績の著しい低下その他やむを得ない事由により、支給時期を延期し、又は支給しないことがある。
>
> | 算定対象期間 | 支給日 |
> |---|---|
> | ＿＿月＿＿日から＿＿月＿＿日まで | ＿＿月＿＿日 |
> | ＿＿月＿＿日から＿＿月＿＿日まで | ＿＿月＿＿日 |
>
> 2　前項の賞与の額は、会社の業績及び労働者の勤務成績などを考慮して各人ごとに決定する。

資料出所：厚生労働省「モデル就業規則」（令和4年11月版）

反映ルール等も明確にしておくとよいでしょう。

2. 例外的な処理対象者の確認

　賞与を支給する場合には、その支給額を会社の業績や本人の勤務成績、人事考課等により都度決定することもありますが、特に図表4-2に該当する従業員については、支給額を個別に計算することが多く見られます。

　一般的な賞与の支給額とは異なる方法で計算したときには、支給額が正しいかはもちろんのこと、図表4-2に該当する従業員の社会保険料の控除の要否やその額、所得税額も個別に確認しておきましょう。なお、図表4-2の「産前産後休業・育児休業等取得者」については CASE18 でも取り上げたので、併せて確認することをお勧めします。

図表4-2　賞与の支給額の計算等で注意を要する従業員

対象従業員	注意点
勤務成績不良の従業員	・欠勤、遅刻、早退等の勤務成績の扱い
算定対象期間の中途に入退社した従業員	・入社前の不就労期間の扱い ・入社後の人事考課の扱い ・退職者への支給の有無、支給額 ・定年退職者への支給の有無、支給額
算定対象期間に休職期間のある従業員	・不就労期間の扱い
パートタイマー	・支給の有無の確認 ・支給額の決定方法
パートタイマーから正社員等に勤務形態が変更となった従業員	・パートタイマーであった期間の扱い
産前産後休業・育児休業等取得者	・不就労期間の扱い（不利益取り扱いにならないように注意）
介護休業取得者	

賞与の控除に関するケース

CASE 20 | 賞与の社会保険料率を変更し忘れた！

Q 当期業績が良かったことから、3月に決算賞与を支給しました。その後、4月の給与計算の準備をしているとき、3月に変更された健康保険料率を決算賞与の計算時に反映していないように思い賃金台帳を確認したところ、やはり2月までの健康保険料率のままで計算し、賞与から控除していました……。

A 賞与に対する社会保険料の控除不足または過控除分を調整しましょう。4月に支給する給与で調整するときは、所得税の計算の取り扱いに注意が必要です。今後は、法改正等の情報をしっかり収集し、反映するようにしましょう。

🖐 これだけは押さえたい！

1. 賞与から控除する社会保険料

　健康保険法および厚生年金保険法では、毎月の給与から前月分の月額保険料を控除し、賞与からは標準賞与額にかかる賞与保険料を控除することとなっています（健康保険法167条、厚生年金保険法84条）。給与については前月分の社会保険料を当月分の給与から控除するのに対し、賞与にかかる社会保険料率は賞与支給日が属する月に適用されるものとなるため、図表4-3の3月のように、賞与を支給するタイミングによっては、同じ月に支給する給与と賞与で異なる保険料率を適用することがあります。

図表 4-3 　同じ月に支給する給与と賞与で異なる保険料率を適用する例

　保険料率の変更に伴う給与計算ソフトの設定変更は、変更後の保険料等を用いて給与計算をするときに行うものと思いがちですが、図表 4-3 の例のように賞与が支給される月が保険料率の変更となる月の場合には、2 月の保険料率を適用する給与計算時には変更せず、3 月の保険料率を適用する賞与計算時に保険料率を変更することになります。

　また、給与から介護保険料の控除を開始（40 歳の誕生日の前日が属する月から）または終了（65 歳の誕生日の前日が属する月の前月まで）したり、厚生年金保険料の控除を終了（70 歳の誕生日の前日が属する月の前月まで）する場合は、当月ではなく翌月の給与計算時に変更内容を反映します。

　図表 4-4 のように、この変更月と賞与支給月が重なった場合には、上記で説明した保険料率の変更と同様に、同じ月に支給する給与と

図表 4-4 　同じ月に支給する給与と賞与で介護保険料の控除の有無が異なる例

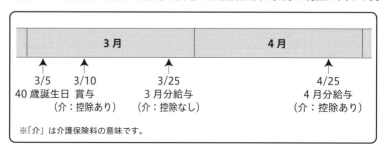

賞与で社会保険料の控除の有無が変わるため、賞与計算時に、社会保険料の控除の有無が変更となる従業員がいないか、年齢の確認をすることが必要です。

2. 退職者に支給する賞与に対する社会保険料

　健康保険料・介護保険料・厚生年金保険料には日割りという概念がなく、退職月の月額保険料を控除するかは、原則として退職日が月末か否かで異なります。

　退職者に支給する賞与から社会保険料を控除するか否かも、退職月の月額保険料と同じように考えることになっており、退職月に支給する賞与保険料は、月末退職を除いてかかりません（図表4-5）。判断を誤りやすい上に、賞与を支給するまで退職者の退職日に関する情報が共有されていなかったり、賞与支給日以降の急な退職により、月末に在籍していることを前提に賞与から控除した賞与保険料

図表 4-5　賞与を支給した月に退職した場合の社会保険料の控除の違い

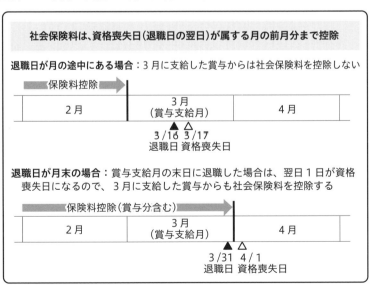

を返金しなければならない事態が発生することもあります。

　賞与を支給するときには、事前に退職者（退職予定者を含む）の有無を確認することが必要です。

何をすべきか〜リカバリー策

1. 誤りのあった社会保険料の調整

　今回のケースでは、そもそも健康保険料率の変更を失念しているため、健康保険料を控除している全従業員について賞与計算の誤りが発生していることになります。

　3月から保険料率が上がったのであれば控除不足が発生し、下がったのであれば過控除となっている状態であり、いずれにおいても従業員が負担すべき社会保険料を調整しなければなりません。正しく賞与計算をやり直し、差額を返金するか、追加で差額を徴収することになりますが、すでに4月の給与計算の準備を行っていることを考えると、従業員に賞与計算の誤りを説明し、4月分の給与で調整することが実務的な対応かもしれません。

　差額を給与から控除する場合には、法令に明確な定めはないものの、CASE3で説明した労使協定の締結が必要になります。なお、従業員向けの説明文書としては、図表4-6の「誤りのあった社会保険料を給与で調整することの説明文」のような全従業員向けの説明文書を発行することが考えられます。

2. 翌月の給与で調整する際の留意事項

　給与に対する所得税は、給与から社会保険料等を控除した額によって算出します。したがって、賞与での社会保険料の控除誤りを4月の給与で調整するときは、「正しい賞与計算を行うことにより確定した、調整すべき社会保険料の差額」と、「4月分の給与から

図表 4-6　誤りのあった社会保険料を給与で調整することの説明文（例）

従業員各位

年　　月　　日

総務部長　○○○○

4月分給与での社会保険料調整に関するお願い

　今回、決算賞与(支給日：○年3月31日)の計算において、下記の誤りがありました。決算賞与の支給対象者で、社会保険に加入している従業員のみなさまには、4月分給与(支給日：○年4月30日)で調整をさせていただきますので、ご了承ください。今後、給与計算のチェック体制を強化しますので、ご理解いただきたく、よろしくお願い申し上げます。

記

1. 賞与計算の誤りの内容

　健康保険料率は○年3月より○%から○%に引き下げられました。この引き下げに伴い、決算賞与の健康保険料も○%で計算するところを、従前の○%で計算してしまいました。なお、健康保険料は、会社と従業員で半分ずつ負担することになっています。

2. 誤りが発生した原因

　3月に支給する決算賞与は、上記の引き下げられた健康保険料率で計算する必要がありますが、給与計算における社会保険の控除は1カ月遅れで控除（3月分の給与からは2月分を控除、4月分の給与からは3月分を控除）するルールであり、本来であれば決算賞与を計算する際に3月から変更となった保険料率に変更すべきものを失念したことにより、誤りが発生しました。

3. 4月分給与での調整方法

　実際に決算賞与から控除した健康保険料と、正しい計算をしたときの健康保険料の差額を、4月分給与明細の控除欄の「社会保険料調整」欄で示します。今回、健康保険料を控除し過ぎている状態になっていたため、従業員のみなさまに返金することになります。給与明細の金額には「－」(マイナス)で示されていますので、ご確認ください。なお、この処理を行うことで、4月分の所得税が若干多くなる方が発生しますが、適切な計算ですので、ご了承ください。

4. 問い合わせ先

　今回の件に関し、ご不明な点がある場合には、総務部長である私または総務部○○までご連絡ください。責任をもって対応させていただきます。

以上

控除する3月分の社会保険料」を合わせた額が、4月の給与計算における所得税額を算出する前に確定させる社会保険料になります。

　給与計算ソフトでは、基本給をはじめとする「支給」の項目と社

会保険料や税金等の「控除」の項目がありますが、今回のような社会保険料を調整する場合には、控除項目のうち、所得税を計算する上で「社会保険料である」ことを設定できる項目に、入力等を行うことになります。給与計算ソフトの設定を確認しておきましょう。

今後のために～防止・改善策

1. 社会保険料率等に関する情報収集と設定変更

　これまで説明したとおり、給与計算には多くの法令が関係しており、さまざまな改正が行われることから、改正情報を収集し、対応していくことが担当者に求められます。

　給与計算ソフトは非常に便利な反面、その前提には法令や自社の給与計算ルールに対する担当者の正確な理解および適切な設定と的確な操作が欠かせません。

　今回のように社会保険料率に関する変更は、協会けんぽや年金事務所からのお知らせで把握したり、給与計算ソフト会社からも情報を入手できることから、その内容を理解し、手順に沿って間違いなく処理を進めていくことが重要になります。

2. 社会保険料率の変更等の周知

　社会保険料の負担の大きさは感じていても、社会保険料の控除のルールや社会保険料率の変更の有無を理解している従業員はあまりいません。

　CASE8で説明した標準報酬月額の決定・改定と異なり、社会保険料率の変更については従業員へ通知する義務は会社にありませんが、少しでも従業員の関心と理解を高めるために、社会保険料率が変更になる都度、図表4-7の「社会保険料率の変更に関する案内文」のような文書で周知しておきましょう。

図表 4-7　社会保険料率の変更に関する案内文（例）

〇年 3 月〇日

従業員各位

総務部長　〇〇〇〇

健康保険料および介護保険料の変更について

　健康保険料は保険者（協会けんぽ）の財政状況等により、介護保険料は介護納付金の額により、毎年度、保険料率が見直されることになっています。今回、〇年 3 月分からの健康保険料率と介護保険料率が見直しとなった旨の通知が、協会けんぽから届きましたので、下記のとおりお知らせします。

記

1．健康保険料率の変更
　　健康保険料率は〇年 3 月分より〇％から〇％に引き下げられました。

2．介護保険料率の変更
　　介護保険料率は〇年 3 月分より〇％から〇％に引き上げられました。なお、介護保険料の控除の対象者は 40 歳から 64 歳までの従業員（被保険者）となっています。

3．給与から控除する保険料の変更
　　健康保険料および介護保険料は、前月分の保険料を毎月支給する給与から控除しています。したがって、4 月分給与（支給日：〇年〇月〇日）から新しい保険料率に基づいた健康保険料と介護保険料が控除されます。具体的な金額は 4 月分の給与明細と、協会けんぽより通知された新しい保険料額表（別添）でご確認ください。

［別添］　〇年 3 月分（4 月納付分）からの健康保険・厚生年金保険の保険料額表

以上

［注］　ここでは保険料額表の添付を省略しています。

図表 4-8　賞与計算チェックリスト

年　　月分賞与計算チェックリスト（　　月　　日支給）

①基本内容

支給額確定日	月　　日（　）	賞与振込日	月　　日（　）
賞与算定期間	年　　月　　日～　　年　　月　　日 （期間中の　暦日数：　　日　　要出勤日数：　　日）		

②事前準備

支給対象者の確認	支給対象者の確認（新入社員・退職社員・休職者・産前産後休業者・育児休業者・介護休業者・パート等）	□
社員情報変更	在籍社員の扶養親族や銀行口座の変更の確認	□
振込口座確認	給与と賞与の振込口座の確認	□
社会保険取得確認	社会保険・雇用保険の資格を取得した人	□
社会保険喪失確認	社会保険・雇用保険の資格を喪失した人	□
社会保険料率	支給月に適用する社会保険料率の確認（変更の有無）	□
社会保険対象年齢	40 歳・65 歳・70 歳・75 歳になった人	□

③支給項目・控除項目

支給項目	イレギュラーな支給額の確認	□
控除項目	給与とは異なる控除項目・控除額の確認	□
社会保険料額	標準賞与額の上限額確認	□

④入社・退職・休職・産前産後休業・育児休業・介護休業・短時間勤務等

役員	支給（無・有（→□支給額））
新入社員	支給（無・有（→□支給額））
退職社員	支給（無・有（→□支給額 ・社会保険料控除（無・有））） ※特に定年退職者に留意
雇用形態変更者	支給（無・有（→□支給額）） ※例：パート→正社員、正社員→パート
休職者	無・有（→□支給額）
産前産後休業者	無・有（→□支給額・社会保険料控除（無・有））
育児休業者	無・有（→□支給額・社会保険料控除（無・有））
介護休業者	無・有（→□支給額　□社会保険料控除有）
短時間勤務者	無・有（→□支給額）
パート	無・有（→□支給額・社会保険料控除（無・有））

⑤計算後チェック

処理人数	人（支給対象人数　人・支給なしの人　人）
前回対比	前回（もしくは前年）と比較して大幅に増減した項目 　無・有（→□支給項目　□控除項目　□社会保険料 　□所得税）
振込処理	各人の口座への振込処理（振込口座のエラーが出なかったか）　→無・有

⑥事後処理

賞与明細の発行	賞与明細の印刷・配布	□
納付書	所得税の納付書の作成・納付（給与の所得税とともに納付）	□
賞与支払届	賞与支払届の作成・提出	□
賃金台帳等保管	賃金台帳等のファイリング（最終確定したもの）	□
次回以降の申し送り	次回以降の給与計算・賞与計算に影響することの申し送り	□

第5章

こんなときどうする !?

年末調整

所得控除に関するケース

CASE 21 年末調整で、従業員の配偶者が扶養の範囲から外れていたことが分かった！

Q 配偶者（妻）を所得税の配偶者控除の対象として申告していた従業員から、「実は妻の会社で、パートタイマーにも冬のボーナスが臨時支給されていたことが、昨日、分かりました。確認したところ、ボーナスが支給されたことで、妻の年収が103万円を超えてしまったようなので、私の年末調整をやり直してもらえませんか？」との申し出がありました。すでに年末調整を行い、従業員に対する所得税の還付や徴収を終えたところだったのですが、どうしたらよいでしょうか？

A 年末調整後に扶養の状況が変更となった場合には、翌年1月31日までやり直すことが認められています。再年調を行い、追加で納付となる所得税の徴収等を行いましょう。

これだけは押さえたい！

　従業員が納付すべき所得税および復興特別所得税（以下、所得税）の額は、1年間に支給された給与・賞与の合計額に基づいて決定されます（会社から支給された給与のみの場合）。

　給与や賞与を支給するたびに、会社は所得税を給与から控除（源泉徴収）していますが、1年間に源泉徴収をした所得税の合計額と、1年間の給与・賞与の合計額に基づいて算出した所得税額（年税額）とが必ずしも一致するわけではありません。そのため、1年間に源泉徴収した所得税の合計額と年税額を一致させる必要から、会社は

従業員の「年末調整」を実施することとなっています。

　なお、この年末調整は、源泉徴収義務者である会社に実施が義務づけられており、年末調整を実施した後に、主に以下の処理を行うことになっています。

①年末調整を実施した結果の過納額や不足額の精算を行う

②従業員に対し給与所得の源泉徴収票（以下、源泉徴収票）を交付する

③法定調書合計表を作成し、税務署に提出する

④給与所得に対する源泉徴収簿を作成し、保管する

⑤従業員の住所地の市区町村に給与支払報告書を提出する

⑥従業員の扶養控除等申告書や給与所得者の保険料控除申告書（以下、保険料控除申告書）等を保管する

何をすべきか～リカバリー策

1. 年末調整のやり直し（再年調）

　年末調整では、従業員からの申告内容を確認した上で、処理を進めます。確認内容は、「給与所得者の基礎控除申告書」において、合計所得金額の見積額の申告に基づき適正な基礎控除額が計算されているか、「給与所得者の配偶者控除等申告書」（以下、配偶者控除等申告書）の配偶者の氏名を記入する欄に名前が記入されている人が、収入額などで配偶者控除または配偶者特別控除を受けることができる配偶者であるかどうかのほかに、保険料控除申告書において、生命保険料控除等を受けるときに原則として提出が求められる証明書類の内容と生命保険料控除額等の計算が正しいか等です。

　所得金額は原則として1月1日～12月31日の間の収入で判定されるため、このケースのように、従業員の年末調整を実施した後の年末押し迫った時期に、配偶者の給与等において把握していな

かった収入があることが分かり、再年調をする場合も出てきます。

　再年調は、源泉徴収票を従業員に交付することとなる翌年1月31日までできることになっており、申告した内容に誤りがあったと従業員から申し出があったときや、従業員の申告した内容に誤りがあると会社が知ったときには、再年調を行うことになります。

　国税庁のホームページでは、「徴収不足税額がある場合の年末調整のやり直しについては、その異動があった年の翌年の1月末日以降であっても行う必要」があると案内をしており、仮に扶養控除等に誤りがあるにもかかわらず再年調を行わず、従業員自身が確定申告による訂正も行わないことで、正しい申告内容になっていないときは、後日、税務署から扶養控除等に関する誤りの通知が会社に届く可能性が高くなります。この通知を受けた場合には、過去にさかのぼって正しい申告内容で年末調整をやり直し、すでに納付した年税額と正しい年税額の差額を従業員から徴収して会社が納付することになります。

2. 扶養控除等申告書等の修正と徴収処理

　従業員からの申告内容に誤りがあったために、再年調を行うときは、扶養控除等申告書等を正しい内容に修正してもらいます。配偶者に支給された賞与の額や収入等にもよりますが、このケースのように、妻の収入が、配偶者控除が受けられる範囲を超える収入となっていた場合の修正方法は、配偶者控除等申告書において妻の情報を書き換え、配偶者控除から配偶者特別控除に申告を変更することになるでしょう。

　配偶者控除から配偶者特別控除に変更することで、すでに行った年末調整によって算出されている年税額よりも再年調の後の年税額が多くなり納付額に不足が出たときは、その不足額を従業員から徴収し会社が納付します。

1. 従業員への年末調整の周知

　年末調整は複雑な制度であるためか、従業員の制度への理解が進んでいないと感じることが多くあります。近年は、制度がさらに複雑化しているようにも感じます。

　国税庁のホームページには従業員向けの情報も記載されているので、それを周知することにより従業員の理解が深まると思います。ただし、日常的に使用しない用語も多くあることから、場合によってはナビゲーションに沿って回答することで各種申告書が作成されるクラウドアプリケーションの利用を検討することも視野に入れるとよいでしょう。

2. 年末調整に関する確認票の配布

　年末調整を行うときは、会社にあらかじめ提出されている扶養控除等申告書をいったん従業員に返却して、内容の確認や修正を求めるとともに、年末調整で各種控除の適用を希望する従業員から、受けようとする控除に応じた申告書の記入と提出を求めることが一般的な流れでしょう。

　しかしながら、これらの申告書には、従業員が必ず記入すべき事項と控除を受けるときにのみ記入する事項が混在していることから、従業員から提出された書類を見ただけでは、申告事項がないのか、あるいは記入漏れなのかの判別がつきにくいものです。

　それを防ぐために、図表5-1のような年末調整に関する確認票を、年末調整の書類とともに配布することが考えられます。この確認票は、すべての申告内容を網羅しているわけではありませんが、主要部分についてはまとめてあるので、自社で特に確認したい事項を中心にアレンジしながら活用するとよいでしょう。

図表 5-1　年末調整に関する確認票（例）

●年分 年末調整に関する確認票

年末調整の時期になりました。年末調整を実施するに当たり、以下の項目すべてを確認してください。

社員番号：　　　　　部署：　　　　　　氏名：

1. ●年中に配偶者や扶養親族（以下、扶養親族）の異動や所得の見積額の変更がありましたか？
　　　→　いいえ　・　はい
　　　　　※変更した内容は赤ペンで分かるように申告書に記入してください。
2. あなたは障害者・ひとり親・寡婦（寡夫）に該当しますか？
　　→障害者：　いいえ　・　はい　／　ひとり親：　いいえ　・　はい　／
　　寡婦（寡夫）：　いいえ　・　はい
3. 扶養親族に非居住者・障害者に該当する人はいますか？
　　→非居住者：　いいえ　・　はい　／　障害者：　いいえ　・　はい
4. 生命保険料控除・地震保険料控除の申告をしますか？
　　→生命保険料：　いいえ　・　はい　／　地震保険料：　いいえ　・　はい
5. 今年中に国民健康保険・国民年金の保険料等を支払っていましたか？
　　　→　いいえ　・　はい
6. 今年の1月1日以降の入社ですか？
　　　→　いいえ　・　はい
　　　《「はい」の場合》入社前に他の会社で勤務していましたか？
　　　　　→　いいえ　・　はい
　　　　　《「はい」の場合》前職の●年分の源泉徴収票を提出してください。
7. 住宅ローン控除の申告をしますか？
　　　→　いいえ　・　はい

【提出物】	□	●年分 給与所得者の扶養控除等（異動）申告書
	□	●年分 給与所得者の保険料控除申告書
	□	●年分 給与所得者の基礎控除申告書 兼 給与所得者の配偶者控除等申告書 兼 所得金額調整控除申告書
	□	障害者に関する証明書（写し）
	□	非居住者を扶養控除の対象とする確認書類
	□	生命保険料等の控除証明書（原本）
	□	地震保険料等の控除証明書（原本）
	□	国民健康保険・国民年金保険料支払証明書（原本）
	□	住宅ローン控除関連書類（原本）
	□	前職の●年分の給与所得の源泉徴収票（原本）

【提出期限：●年11月○日(○)】

提出先：総務部　不明点は事前に総務部 ○○○○（内線○○○○）までご連絡ください。

CASE 22 | 年末調整で、寡婦の設定を間違えてしまった！

Q 年の途中で、夫を病気で亡くした当社の従業員から、「今年、夫が亡くなったので『寡婦』になり、所得税の負担が軽くなると聞きました。扶養控除等申告書にも記入した覚えがあるのに、源泉徴収票には何も記載されていませんでした。正しい処理になっているか確認してもらえませんか？」との問い合わせがありました。確認したところ、扶養控除等申告書の「配偶者の有無」が「有」から「無」に変更されており、寡婦である申告があった（「寡婦」に○が付けてあった）ものの、寡婦控除を適用せずに処理をしていたようです……。

A 会社の年末調整の処理が誤っているため、再年調を実施し、従業員に所得税を還付しましょう。年末調整の申告が適正に行われるよう、今後は扶養控除等申告書の記載例を配布し、確実なチェックをするようにしましょう。

これだけは押さえたい！

　年末調整で受けることのできる所得控除として、配偶者控除や扶養控除、生命保険料控除は比較的広く知られているものの、寡婦控除はあまり知られていないように感じます。

　寡婦とは、ひとり親に該当せず夫と死別した後に婚姻していない人で合計所得金額が500万円以下の人、夫と離婚した後に婚姻をしておらず扶養親族がいる人で合計所得金額が500万円以下の人をいいます。いずれも事実婚の人は除かれます。なお、ひとり親とは、婚姻をしていない人または配偶者の生死の明らかでない一定の人の

図表 5-2　令和 5 年分　給与所得者の扶養控除等（異動）申告書（抜粋）

障害者、寡婦、C ひとり親又は 勤 労 学 生	□ 障害者	該当者 区分	本　人	同 一 生 計 配偶者(注2)	扶養親族	□ 寡　　婦
		一 般 の 障 害 者			（　　人）	□ ひとり親
		特 別 障 害 者			（　　人）	□ 勤 労 学 生
		同居特別障害者			（　　人）	
	上の該当する項目及び欄にチェックを付け、（　）内には該当する扶養親族の人数を記入してください。					

うち、事実婚をしておらず、合計所得金額 48 万円以下の生計を一
にする子どもがいる人で合計所得金額が 500 万円以下の人をいい、
ひとり親控除の適用を受けることができます。各種控除の詳細に関
しては、国税庁から発行されているパンフレットや国税庁のホーム
ページで確認してください。

　寡婦控除の対象になるときには、扶養控除等申告書にある「寡婦」
の欄（図表 5-2）にチェックを付けます。

　このケースのように年の途中で寡婦に該当したときには、配偶者
が亡くなったその年から寡婦控除の適用を受けることができます。
なお、寡婦控除とともに、ひとり親控除の対象にもなる人は、ひ
とり親控除が適用されます。ひとり親控除は 35 万円、寡婦控除は
27 万円の所得控除となるため、従業員からの申告内容はしっかり
と確認しましょう。

何をすべきか～リカバリー策

1. 申告内容に基づいた再年調

　このケースは、寡婦であることの申告が行われていたにもかか
わらず、会社が寡婦控除の適用を漏らしたミスです。CASE21 で
確認したように、源泉徴収票を従業員に交付することとなる翌年 1
月 31 日まで再年調ができるため、今回のように正しい申告が従業
員から行われていたにもかかわらず、寡婦控除の適用を行っていな

い場合には、再年調を行います。

その方法は、従業員からの申告内容に基づき、寡婦控除を適用した場合の年税額を算出し、すでに行った年末調整によって算出されている年税額との差額を計算します。所得額や他の控除にもよりますが、再年調により計算した年税額のほうが少なくなり、従業員に還付することになるでしょう。

2. 再年調結果に伴う還付処理

再年調を行った際、すでに行った年末調整の結果に基づく従業員への還付・徴収がまだ済んでいなければ、その還付・徴収額に再年調分を含めることができますが、すでに還付・徴収が完了している場合には、あらためて再年調後の差額を還付する方法を検討します。

実務上の対応としては、従業員の同意を取り、翌年1月以降に支給する給与に上乗せして還付する方法があります。このとき還付する所得税額は再年調の結果である（前年分の所得税である）ため、同じ「所得税」であっても、1月以降の給与計算で源泉徴収する所得税とは別のものとして取り扱わなければなりません（次ページ Column 参照）。

3. 所得税の納付書の差し替え等

年末調整が終わると、会社はその結果として所得税を精算する必要があり、従業員に対する還付・徴収は、一般的には、1月の所得税に充当（減算）するか上乗せ（加算）して行います。再年調を実施し差額が発生したとき、1月分の源泉所得税と年末調整における所得税の精算に関する納付もすでに完了している場合には、翌月（2月）以降の通常の所得税を納付する際に、充当するか上乗せして行います。

再年調の結果の還付・徴収方法

　再年調により、還付や徴収すべき所得税額が発生し、その還付や徴収を翌年度以降に支給する給与（賞与を含む）で行うときは、還付や徴収する所得税と、その給与から源泉徴収する所得税とは分けて考える必要があります。

　図表5-3のように令和4年分の再年調の結果は令和4年分の所得税となり、令和5年2月分の給与から源泉徴収する所得税は令和5年分として取り扱う必要があるため、同じ「所得税」という表現であっても、年の異なるこれらの所得税を相殺したり、合算することは誤りとなります。

　再年調により還付・徴収する所得税に対しては、当然、社会保険料等がかかりません。手当の一つとして「支給」の項目で還付・徴収するのではなく、「控除」の項目に入力し、還付の場合はマイナスで入力、徴収の場合はプラスで入力して取り扱う方法があります。

図表5-3　再年調の結果を翌年分の給与で扱う事例

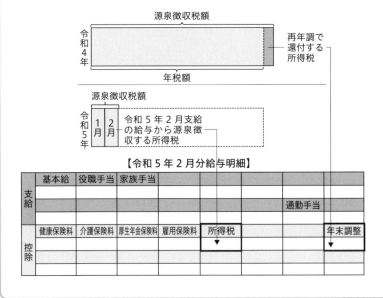

そのほかにも、源泉徴収票の再交付（差し替え）や給与支払報告書の差し替えが必要になることも忘れないようにしましょう。

 今後のために〜防止・改善策

1. 扶養控除等申告書等の記載例の配布

　年末調整をスムーズに完了させる最大のポイントは、従業員からの申告が、提出期限内に正しく行われることであると言っても過言ではありません。

　ただし、1年に1回しか行わない年末調整において、すべての従業員に、所得控除の内容等を把握して適切に申告するように求めることは困難です。そこで、できるだけ扶養控除等申告書等に記載すべき内容が分かるように工夫する必要があります。

　各申告書の裏面には、記入に関する要領が記載されています。ただし、要領の大部分は文章で記されており、従業員の理解がなかなか進まないことも予想されます。国税庁のホームページには、扶養控除等申告書の記載例（図表5-4）が掲載されており、ダウンロードして年末調整の申告書等と併せて配布したり、社内掲示板に掲げたりして活用することができます。記載例の内容から従業員自身が記入すべき内容を確認・理解してもらうことで、正確な記入を求めたいものです。なお、この記載例は、その他の申告書や住宅借入金等特別控除申告書についても用意されています。その年の年末調整に関する申告書と翌年の給与の源泉徴収に関する申告書の記載例が、例年9月ごろに国税庁のホームページに掲載されるので、確認するとよいでしょう。

　また、このケースのように、従前に申告していた内容が年の途中で変わることもあります。その都度、扶養控除等申告書を修正したり、新しい申告書にすべての内容を書き直して提出してもらうこと

図表 5-4　令和 5 年分の扶養控除等申告書の記載例

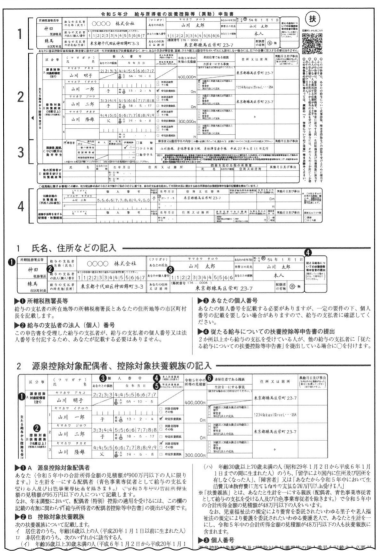

1　氏名、住所などの記入

❶ ▶所轄税務署長等
給与の支払者の所在地等の所轄税務署長とあなたの住所地等の市区町村長を記載します。

❷ ▶給与の支払者の法人(個人)番号
この申告書を受理した給与の支払者が、給与の支払者の個人番号又は法人番号を付記するため、あなたが記載する必要はありません。

❸ ▶あなたの個人番号
あなたの個人番号を記載する必要がありますが、一定の要件の下、個人番号の記載を要しない場合がありますので、給与の支払者に確認してください。

❹ ▶従たる給与についての扶養控除等申告書の提出
2か所以上から給与の支払を受ける人が、他の給与の支払者に「従たる給与についての扶養控除等申告書」を提出している場合に○を付けます。

2　源泉控除対象配偶者、控除対象扶養親族の記入

❶ ▶A　源泉控除対象配偶者
あなた(令和5年中の合計所得金額の見積額が900万円以下の人に限ります)と生計を一にする配偶者(青色事業専従者として給与の支払を受ける人及び白色事業専従者を除きます)で、令和5年中の合計所得金額の見積額が95万円以下の人について記載します。
なお、年末調整において、配偶者(特別)控除の適用を受けるには、この欄の記載の有無に関わらず給与所得者の配偶者控除等申告書」の提出が必要です。

❷ ▶B　控除対象扶養親族
次の扶養親族について記載します。
イ　居住者のうち、年齢16歳以上の人(平成20年1月1日以前に生まれた人)
ロ　非居住者のうち、次のいずれかに該当する人
　(イ)　年齢16歳以上30歳未満の人(平成6年1月2日から平成20年1月1

(ハ)　年齢30歳以上70歳未満の人(昭和29年1月2日から平成6年1月1日までの間に生まれた人)のうち、「留学により国内に住所及び居所を有しなくなった人」、「障害者」又は「あなたから令和5年中において生活費又は教育費に充てるための支払額が38万円以上の人」

※「扶養親族」とは、あなたと生計を一にする親族(配偶者、青色事業専従者として給与の支払を受ける人及び白色事業専従者を除きます)で令和5年中の合計所得金額の見積額が48万円以下の人をいいます。
なお、児童福祉法の規定により里親に委託されたいわゆる里子や老人福祉法の規定により養護を委託されたいわゆる養護老人で、あなたと生計を一にする、令和5年中の合計所得金額の見積額が48万円以下の人も扶養親族に含まれます。

❸ ▶個人番号

資料出所：国税庁ホームページ

になりますが、変更点については従業員に朱書きしてもらうといった運用ルールを取り決め、修正点の把握漏れがないようにすることが求められます。

2. 情報収集方法の見直し

　従業員の個人情報は、採用時の履歴書で分かるものも多くありますが、広く使われている JIS 規格の履歴書には、配偶者の有無や扶養家族の人数を記入する欄はあるものの、過去に結婚していたかを記入する欄はありません。

　一方で、いったん寡婦控除の適用を把握できれば、その後は何らかの異動や所得の大幅な増加がない限り、寡婦控除の適用状況にほぼ変わりはないはずです。

　近年は、紙での申告に代えてクラウドアプリケーションにより電子化する企業も増えており、前年の個人情報を引き継いだり、保険会社等から控除証明書等を電子的交付で受けてデータを取り込んだりすることができます。このようなシステムをうまく利用することで情報を管理して申告漏れや申告誤りを防止するとともに、年末調整の担当者が給与計算ソフトに入力する工数を削減し、入力誤りを防止することもできます。

　なお、障害者控除等に関する内容については、例えば要介護認定等の変更により、障害者控除の区分が変わることがあるため注意が必要です。

　利便性の高い方法で情報を管理しつつも、内容の確認は必須です。

CASE 23 | 年末調整が済んだ後になって、転職前の会社から源泉徴収票が送られてきた！

Q 年末調整を終えた後になって、「前の会社から、支払金額が記載された今年の源泉徴収票が送られてきました」との申し出が従業員からありました。源泉徴収票を持ってきてもらい確認すると、本人の前職の退職日が 1 月 15 日であり、退職した年の給与（最後の給与は 1 月 31 日に支給された）に係る源泉徴収票が転職前の会社から届いたことが分かりました。この中途入社の従業員に対しては、「退職は昨年のことであり、前職分の源泉徴収票はない」との確認をとってから年末調整を行ったのですが、この場合も年末調整のやり直しをすべきなのでしょうか？

A 従業員の申告に基づき年末調整を実施していますが、誤りであることが判明した以上、再年調を行うべきです。今後のために、前職分の源泉徴収票の回収ルールなどを決めておくとよいでしょう。

これだけは押さえたい！

1. 転職者の年末調整

　所得税は 1 年間の給与・賞与の合計額に基づいて年税額を算出するため、年の途中で転職をした従業員は、転職前の会社では年末調整を行わず、転職後の会社で前職分も含めて年末調整を行います。

　そのため、転職前の会社から支給された給与等の支払いに関する

情報を、転職前の会社が発行する源泉徴収票で把握し、転職後の会社で年末調整を行うことになります。なお、転職前の会社には源泉徴収票を交付する義務がありますが、仮に前職分の源泉徴収票が提出されないときは原則として年末調整は行わず、本人が確定申告をしなければなりません。

2. 年末調整の対象となる給与および賞与

　年末調整を行うときの「1年」とは、その年中に支払いの確定した給与および賞与が対象となるとされています。

　具体的には、契約または慣習により支給日が定められている給与についてはその支給日が、支給日が定められていない給与については支給された日が、収入が確定した日となります。例えば、給与計算期間が毎月1日〜末日で、支給日が翌月10日の会社では、1月10日〜12月10日に支給された給与が年末調整の対象となります。最終給与である12月10日の後、さらにその月に支払われる賞与があるときには、賞与も含めて年末調整を行う、または賞与で年末調整を行うことになります。

何をすべきか〜リカバリー策

1. 再年調の実施

　今回のケースでは、年末調整に算入すべき前職分の源泉徴収票が提出されなかったことから、本来は年末調整を行うべき従業員ではなかったことになります。給与に含めるべき源泉徴収票があることが判明したのであれば、従業員本人が確定申告をすることになります。しかしながら、従業員の負担を考えれば、再年調できる期間中に前職分の源泉徴収票を提出してもらい、再年調を行うことが望ましいと考えます。その方法は、**CASE21・22** とほぼ同じ取り扱いで、

従業員本人に対し、差額の還付・徴収等を行うほかに、源泉徴収票や市区町村に提出する給与支払報告書を差し替える等、一連の対応が必要になります。少なからず会社にとっては労力が必要となるため、なるべく年末調整を実施する前に誤りや行き違いがないようにし、再年調を行う労力を最小限にとどめたいものです。

2. 前職分の源泉徴収票の確認点

転職者が提出した源泉徴収票については、通常、前職分の給与等として「支払金額」「源泉徴収税額」「社会保険料等の金額」を給与計算ソフトに入力することにより、年末調整を行うことになります。

このとき見落としがちなのが、転職前の会社で扶養控除等申告書を提出していたか否かという点です。前職分を含めて年末調整ができるのは、転職前の会社で扶養控除等申告書を提出していた人のみです。このケースではどのようになっているか分かりませんが、提出された前職分の源泉徴収票の「乙欄」に「○」が記載されている場合（従たる給与の支払いを受けている等の場合）は、年末調整に含めることはできないことから、転職後の会社で支払われた給与および賞与のみで年末調整を行います。ただし、乙欄に○印があるということは、その乙欄に相当する期間に甲欄が適用される別の会社にも勤務している（主たる給与の支払いを受けている）可能性もあり、もしそうであれば、この別の会社の給与等は年末調整に含める必要があります。

3. 年末調整と確定申告

リカバリー策としては以上のとおりですが、従業員自身が行う確定申告についても若干、補足しておきましょう。

年末調整とは、従業員から扶養控除等申告書の提出を受けた会社が、その従業員に支給した給与および賞与（転職者の場合には、前

職分も含む）に係る1年間の所得税の精算を行うことをいいます。そのため、従業員が別の会社でアルバイトの掛け持ちや兼業・副業をして給与が支払われていた場合には、確定申告を行います。また、年末調整の対象とならない医療費控除等がある場合や、年末調整で適用できる控除について申告を忘れた場合にも、確定申告を行うことができます。

 今後のために～防止・改善策

1. 転職者の源泉徴収票の回収

　扶養控除等申告書の裏面には、中途入社の従業員に対し、前職分の源泉徴収票の添付を求める記載がありますが、会社として源泉徴収票の回収を年末調整の時期にするか否かは考えておくとよいでしょう。

　中途入社時のタイミングで、前職分の源泉徴収票を提出書類の一つとし、転職前の状況を確認できるよう確実に回収しておけば、年末調整のときに回収できずに年末調整ができなかったり、処理が滞るリスクは減るでしょう。利用する給与計算ソフトにより異なると思いますが、前職分の源泉徴収票の内容を事前に入力できるものもあるため、回収したときに入力しておくことで年末調整処理の分散にもつながります。

　退職者の源泉徴収票は、退職の日以後1カ月以内に交付することになっていますが、実務では年末調整の間近にならないと転職前の会社が源泉徴収票を発行してくれないという声も聞かれることから、回収をしたか否かの管理が従業員ごとに必要になることもあります。また、転職者が同一年内に退職するといった場合には、保管の手間に加え、回収した源泉徴収票を返却する手間も生じることから、特にパートタイマーやアルバイトを中心に入退社が多い会社で

図表 5-5　源泉徴収票の提出のお願い（令和 5 年分の例）

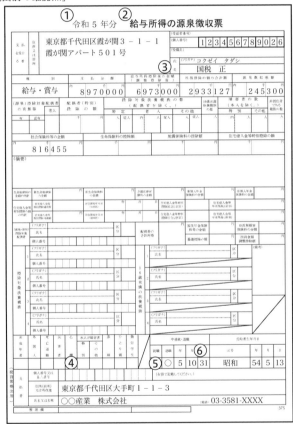

□ ① 今年のものですか？
□ ②「給与所得の」源泉徴収票になっていますか？
□ ③ あなたの源泉徴収票ですか？
□ ④ 乙欄に○がついていませんか？※乙欄のものは年末調整に含めることができません。
□ ⑤ 退職に○がついていますか？
□ ⑥ 退職日が記載されていますか？

※ 提出がない場合には、当社での年末調整は実施できず、ご自身で確定申告をしていただくことになります。

は、対象者を正社員に絞って回収するといった工夫も考えられます。

2. 源泉徴収票の提出を促す文書の発行

　年末調整時に従業員から提出された源泉徴収票を確認すると、転職前の会社における前年の源泉徴収票（すでに年末調整が行われたもの）を提出する人が見られます。

　転職者で前職分のある従業員には、図表5-5のような「源泉徴収票の提出のお願い」の文書を配布することで、提出する源泉徴収票の確認点も伝えておきましょう。また、前職分があるにもかかわらず源泉徴収票の提出がないと年末調整ができない旨も記載することで、確実な提出を求めるとよいでしょう。

3. 年末調整に関する確認票の活用

　1.および2.のように回収時期を工夫し、源泉徴収票を正確・確実に提出してもらうことに加え、防止・改善策としては、**CASE21**で取り上げたような「年末調整に関する確認票」を積極的に活用することにより、従業員から年末調整に関する情報をしっかりと集めることが重要です。

　なお、この確認票は、広く一般的な内容を意識したことから、このケースに対応させるためには、前職の退職日や最終の給与支給日を転職者に記載させる等のアレンジが必要です。

第6章

こんなときどうする !?

退職・定年・再雇用

CASE 24 | 退職する従業員の給与を、日割計算をせずに払ってしまった！

Q 当社は毎月15日を給与計算の締切日、当月25日を給与の支給日としています。今回、9月29日に退職した従業員から、「最後の給与がたくさん振り込まれているように思うのですが、返金しなくてもよいですか？」と、最後の給与支給日（10月25日）に連絡が入りました。確認してみると、本来であれば、日割計算により9月30日〜10月15日にある不就労9日分の給与を控除しなければならないところ、控除せずに満額を支給していました……。

A 給与計算をやり直して過支給となっている金額を算出し、返金してもらいましょう。すでに源泉徴収票を発行している場合には、差し替えが必要となります。今後は、日割計算や不就労日の給与の取り扱いをまとめておくことが求められます。

これだけは押さえたい！

　給与計算期間の途中での入退社や欠勤等により、その期間の一部において労務の提供が行われないことがあります。

　このような就労していない日（不就労日）に給与を支給するか否かの対応は各企業でさまざまですが、給与規程等により、統一した取り扱いをすることが会社には求められます。特に月給制において不就労日を無給とする場合には、不就労日分の算出にどのような計

算式を用いるかによって支給額が変わってくるため、給与計算をするときに迷わないよう規定しておくことが必要です。

　一般的な方法は、不就労日数分を給与から控除する、または就労日数分を支給するという、いわゆる日割計算を行うことになりますが、日割計算については法令上の明確な規定がないことから、対象となる各種手当、日割計算の基礎となる日数、不就労日または就労日等の計算の基礎となる日数等を事前に決めておくこととなります。

　特に疑義が生じやすいのが、日割計算の基礎となる日数です。計算に当たっては、大きく分けて次の①〜③のケースが考えられます。

①１カ月の平均所定労働日数を用いる

②給与計算期間における１カ月の所定労働日数を用いる

③給与計算期間における１カ月の暦日数を用いる

　以上の方法が考えられますが、選択するものによって計算結果に違いが出るため、疑義のない取り扱いを定めておくことが給与計算をする上でのポイントです。

 何をすべきか〜リカバリー策

1. 過支給分給与の返金を求める

　このケースは過支給ですので、当然、日割計算をせずに支給してしまった不就労分の給与を、退職者から返金してもらうことになります。給与計算をやり直すことで正しい支給額を算出し、退職者に連絡をして、差額分の現金を会社に持ってきてもらったり、会社が指定する銀行口座等に振り込むことにより返金してもらうのが一般的な対応です。

　このケースでは退職者からの連絡でミスが判明しましたが、それとは逆に、会社が気づいた場合に、退職者がすでに自宅を引っ越していたり、連絡先となっている携帯電話の番号を変更していたり、

メール等で連絡しても返信がなかったりすると、連絡を取ることができず返金されない事態が生じることがあります。こうした事態を避けるためにも、正確な給与計算を行うように努めましょう。

2. 給与計算のやり直しと税金の納付

　今回のケースでは、給与計算をやり直すことで不就労分の給与が減り、所得税も減額となる可能性が高くなります。そのため、所得税の納付額を変更したり、すでに所得税が納付済みの場合には過誤納金が発生したりすることから、**CASE11** と同じように還付・充当の手続きを踏むことが、正確な処理として必要です。

3. 発行した源泉徴収票の差し替え

　年の中途で退職した人には、退職までの給与等の支払額や源泉徴収税額が記載された源泉徴収票を発行します。この源泉徴収票には年末調整や確定申告に必要な情報が記載されており、転職先での年末調整や確定申告では、ここに記載された退職までの給与等の支払額等を含めて処理します（**CASE23** 参照）。

　退職者への源泉徴収票の発行は、退職時に発行する給与明細と一緒に渡している会社や、年末調整の前にまとめて発行・送付している会社がありますが、所得税法には、退職の日以後 1 カ月以内に交付することと規定されています（同法 226 条）。

　したがって、源泉徴収票をすでに退職者に渡しているのであれば、給与計算をやり直す前の源泉徴収票に記載されている給与等の支払金額等が変更となり、源泉徴収票を再発行し、差し替えてもらわなければなりません。特に、転職している場合には、すでに転職先に源泉徴収票を提出しているケースもあるため、提出済みの源泉徴収票から再発行したものに差し替えてもらうよう、的確に案内する必要があります。

4. 給与支払報告書の差し替え等

　会社は、その年に給与を支給した退職者も含むすべての従業員について、翌年1月31日までに、源泉徴収票とほぼ同じ様式である「給与支払報告書」を従業員の住所地の市区町村に提出する義務があります。市区町村は、この給与支払報告書に基づき従業員が納付する地方税を計算し、納付額を通知することから、給与計算の一連の業務として源泉徴収票とともに給与支払報告書も作成し、保管しているような場合には、いずれも差し替えが必要になります。

　なお、離職票を発行していたときにも給与額の訂正が必要になりますが、その訂正方法は **CASE25** を参考にしてください。

💡 今後のために～防止・改善策

　給与規程で、入退社時の日割計算や欠勤時のルールを整備したのであれば、それにのっとり給与計算を行います。このルールの運用を徹底する方法の一つが、図表 6-1 の「日割・控除額計算シート」を用いることです。会社独自のルールによる日割計算や欠勤控除等が計算できるシートをあらかじめ作成しておくことで、誤りのない給与計算ができるようになります。

　「不就労日数が10日未満のときは基本給のみを減額し、10日以上のときは基本給および各種手当の合計額を減額する」というように、不就労の日数によって日割計算の対象となる賃金が異なるような会社には、特に利用をお勧めします。

　もちろん、給与計算ソフトを活用し、不就労の日数等を入力することで日割計算を自動化したり、退職日（社会保険の資格喪失日）を入力することで社会保険料の控除の有無を自動判別できるものもありますが、利用するには事前に細かい設定が必要であり、操作の手順を間違えると誤った給与計算の結果となることもあります。日

図表 6-1　日割・控除額計算シート（例）

日割・控除額計算シート（　　　月分〔　　　月　　　日支給〕）					
社員番号		氏　　名			
出勤日数	日	欠勤日数	日	入社前・退職後 [不就労日数]	日
年休日数	日	特休(有給) 日数	日	特休（無給） [不就労日数]	日
所定労働日数	日	出勤時間	時間	遅刻・早退時間 [不就労]	時間
控除理由	入社・退職・欠勤 遅刻・早退・時短	不就労時間			時間
		就労日数			日
		不就労日数			日
基 本 給	円	社会保険料控除			
家族手当	円	有(　　　カ月分)・無			
○○手当	円	住民税控除			
○○手当	円	有 ・ 無			
基本給・手当合計	円	当月・一括(　　円 ×　　カ月 =　　円)			
支払基礎日数	日	支払基礎時間			時間
計算方法	不就労時間	[基本給 ÷ 支払基礎時間 × 不就労時間]を控除			
	不就労10日未満	[基本給 ÷ 支払基礎日数 × 不就労日数]を控除			
	不就労10日以上	[基本給・手当合計 ÷ 支払基礎日数]× 出勤日数を支給			

割・控除額計算シートは、このような給与計算ソフトの結果確認用
としても利用できるでしょう。

不就労日の属性の整理

　年次有給休暇のほか、子の看護休暇や介護休暇のように、法令で規定された休暇があります。これらの休暇は、給与計算における有給・無給や、賞与や昇給等における勤務成績の取り扱い、年次有給休暇の出勤率を計算する際のカウント等に違いが発生するため、その取り扱いを整理しておくことが求められます。

　法令で規定されていない休暇も含め、代表的な休暇とその取り扱いをまとめたものが、図表6-2です。あくまでも例であるため、法令や自社の就業規則・給与規程を確認の上、取り扱いをまとめておくとよいでしょう。

図表6-2　不就労日の取り扱い一覧（例）

	給与の有給／無給 ○：有給 ×：無給	賞与や昇給等における 勤務成績の取り扱い ○：出勤みなし ×：欠勤扱い	年次有給休暇の出勤率計算 ○：出勤みなし □：全労働日から除外 ×：欠勤扱い
欠勤	×	×	×
年次有給休暇	○	○	○
慶弔等の 特別休暇	○	○	○
裁判員等の 公民権行使休暇	×	○	□
生理休暇	×	○	×
業務上災害	× （3日間は休業補償）	×	○
通勤上災害	×	×	×
産前産後休業	×	×	○
母性保護休暇	×	×	×
育児・介護休業	×	×	○
子の看護休暇	×	○	○
介護休暇	×	○	○

離職票に記載する給与額を間違えてしまった！

Q 当社は毎月 15 日を給与計算の締切日、当月 25 日を給与の支給日としています。今回、10 月 15 日に退職した従業員に対して手続きが完了した離職票を渡したところ、「給与明細と離職票の金額が違うのですが、問題ありませんか？」と連絡が入りました。確認してみると、離職票に記載した給与額に通勤手当を含めることを忘れていました……。

A ハローワークを通じ、交付された離職票の訂正をしてもらいます。今後は、離職票に記載すべき賃金の内容や対象となる賃金の項目をまとめ、作成時に記入誤りがないかを確認しましょう。

これだけは押さえたい！

　雇用保険に加入している従業員が、退職したり、労働条件の変更により雇用保険の加入要件を満たさなくなった場合には、雇用保険の資格喪失の手続きを行います。このとき、原則として退職者が交付を希望したときは、「雇用保険被保険者離職証明書」（以下、離職票）の交付のための手続きを行います。

　退職者が退職後に受け取る基本手当の日額は、退職時の給与額（離職票に記載する給与額）や年齢によって算出されます。このときの給与額は、実際に支給した額ではなく、離職票に記載する一賃金支払対象期間ごとに発生した額を基に決定されます。

　そのため、例えば 6 カ月の定期券代相当額をまとめて通勤手当として支給するように、本来は月ごとに支給すべきものを、便宜上

数カ月まとめて支給している場合には、その全額についてその月数で除して得た額を、各賃金支払対象期間に支給されたものとして取り扱います。したがって、離職票に記載されている額が必ずしも給与明細に記載された額と一致するわけではありません。

1. 離職票の内容に誤りが発生する背景

会社がハローワークで離職票の交付手続きをする際には、原則として出勤簿や賃金台帳、退職届等の退職理由を確認できる書類等をハローワークに持参し、その内容が確認されることから、通常、誤りが生じるケースは少ないと思われます。

しかしながら、離職票に記載すべき給与額の一部が賃金台帳に記載されていないケースや、給与計算の誤りにより本来支給すべき給与を後から支給したケース等では、賃金台帳の給与額と離職票に記載すべき給与額との間に相違があり得るため、誤りにつながりやすいです。このケースでは、賃金台帳の様式が通勤手当のような非課税となる手当について分かりづらくなっている可能性があります（非課税の手当の例は **CASE11** を参照）。

2. 離職票の訂正方法

離職票の記載内容に誤りがあった場合、正しい内容に訂正します。手続きとしては、会社および退職者本人に交付された離職票とハローワークが保有する離職票がハローワークに集められた後、次のいずれかの方法によって訂正が行われます。

①すでに交付された離職票の会社分の控えと退職者本人用の離職票を会社がハローワークに持参し、訂正を受ける方法

②本人が基本手当を受給するためにハローワークに出向いたとき

に、併せて対応する方法（すでに退職者本人用の離職票が、本人に渡っているときに採ることが多い）

分かりづらい②の具体的な流れを説明すると、退職者本人が退職者の居住地を所轄するハローワークに出向いた際に「離職票の内容に誤りがあったため、ハローワークの窓口で申し出るよう会社から言われている」等と申し出てもらい、これを受けたハローワークが、会社の所在地を所轄するハローワークに連絡を入れた後、会社の所在地を所轄するハローワークから会社に連絡が入り、離職票の訂正が行われます。

①②いずれの方法を採るにしても、基本手当の受給は退職者本人がハローワークに出向いて手続きを行わないと始まりません。そのため、退職者本人のハローワークに出向く時期が遅れれば遅れるほど、基本手当の支給開始も遅れることとなります。

基本手当は原則として、退職した日の翌日から1年以内に受給しなければならず、基本手当が支給されることとなる所定給付日数の範囲内であってもこの期間を過ぎた分については支給されません。そのため、会社による訂正手続きに伴い退職者本人の手続きが遅れることで、受給期間内にすべての基本手当を受けられない事態にもつながります。

離職票の会社分の控えと退職者本人用の離職票が会社にある場合、①のほうが会社の手続きとしてスムーズかもしれませんが、給与額の訂正よりも基本手当の支給開始時期や受給期間を見越して退職者がハローワークに出向くことを優先するのであれば、②を採ったほうがよいでしょう。

なお、いずれの場合でも、離職票の記載内容を訂正する際には、正しい内容が分かる資料を提出することになります。ハローワークごとに提出資料が異なることがあるほか、追加書類を求められることもあるため、ハローワークに事前に確認の上、指示された対応を

とるとよいでしょう。

1. 自社の特徴をまとめる

　ハローワークでは、通常、離職票を交付する際に、賃金台帳等によって記載内容の確認を行いますが、添付書類の範囲で疑義が生じれば会社に問い合わせがあるものの、すべての事情がハローワークにおいて確認されることを期待するのは難しいでしょう。

　そこで、離職票を作成する際の留意点として、一般的に間違いやすい以下のような項目が自社にあるならばまとめておき、これらを意識した上で離職票を作成すれば、記載内容のミスを防ぐことができるでしょう。

- □ 賃金台帳に記載されていない手当
- □ 複数月まとめて支給した通勤手当
- □ 現物給与による支給
- □ 1年に4回以上支給した賞与
- □ 遡及して実施した昇給
- □ 日給月給者の欠勤控除方法
- □ 発生した給与計算の誤りとその処理方法　等

　特に給与計算でイレギュラーな処理をした場合には、それが分かるように賃金台帳に記載をしたり、一覧にしてまとめたりしておくとともに、離職票の交付手続きをする前にハローワークの窓口で個別に説明や相談をしておくことが、実務上のポイントになります。

2. 退職に関する情報の把握

　今回は離職票に記載された給与額に誤りがあったケースでしたが、離職票の内容を巡っては、退職時に退職理由をしっかり確認できていなかったことにより、会社と退職者本人との間で認識の相違が生じ、問題となることもあります。

　例えば自己都合による退職と申し出ていても、実はハラスメントが原因で辞めざるを得なかったというような別の退職理由が存在するケースです。また、有期契約である従業員に対して雇止め（会社が契約更新を拒否することにより、契約期間の満了をもって契約を終了すること）を行う場合に、契約更新の希望確認が明確になっていなかったため、離職理由を巡ってトラブルに発展することもあります。これらを避けるためにも、まずは退職理由の確認を行い、有期契約の従業員については契約開始から終了までの契約内容の確認を徹底しましょう。

　退職後の住所や別の退職理由等、提出される退職届等からでは把握できない情報もあるため、図表6-3のような退職連絡表を活用する方法が考えられます。確認があいまいになると、交付された離職票を本人に送ったものの宛先不明で戻ってきたり、そもそも離職票の交付手続きが必要なのか疑義が生じたりします。

　この連絡表は、退職者本人に記入を求めたり、退職者の上司が退職時に面談するとき等に記入するイメージで作成しています。自己都合による退職の申し出であっても、会社に何らかの不満があるような場合には、その内容をヒアリングすることで、ハローワークからの問い合わせに対応できるほか、組織上の課題も把握できるかもしれません。

　制服やロッカーの鍵といった備品類を退職時に回収する際には、この退職連絡表に回収物の項目等を追加して活用してもよいでしょう。

図表 6-3　退職連絡表（例）

退職連絡表					

記入日：　　　年　　　月　　　日

部　　署		社員番号		氏名	
生年月日	年　　月　　　日		退職日	年　　月　　　日	

退職後の連絡先	〒 TEL　　　　　　　　　　　　メール
退職理由 （※）	□ 自己都合退職 □ 定年退職 □ 契約期間満了（契約更新の希望　□有　□無） 　（契約期間：　年　　月　　日～　年　　月　　日・更新回数：　回） □ 休職期間満了 □ 解雇（普通解雇・懲戒解雇） □ 退職勧奨 □ その他（　　　　　　　　　　　　　　　　　　　　　　）
社会保険加入 健康保険証回収	社会保険の加入　□有　　　　　　□無 　　　　　→健康保険証の回収　□有（　　枚）□無
雇用保険加入 離職票発行希望	雇用保険の加入　□有　　　　　　□無 　　　　　→離職票発行の希望　□有　□無

※この退職理由は雇用保険の手続きに利用します。
　あらかじめ会社に確認したいことがある場合にはご連絡ください。

　また、退職時にはさまざまな手続きが発生することから、図表6-4のようなチェックリストを用いて管理することも考えられます。

図表 6-4 退職手続きチェックリスト

退職手続きチェックリスト

社員番号	(ふりがな) 氏名			部署	(正社員・パート・その他)
退職後 住所	〒			固定電話番号	－ －
				携帯電話番号	－ －
生年月日	年 月 日(歳)	性別 男・女		退職日	年 月 日
社会保険	加入有 ・ 加入無	健康保険 任意継続	希望有 ・ 希望無		
雇用保険	加入有 ・ 加入無	離職票交付	希望有 ・ 希望無		

No.	内容	必要書類・手続き等	手続き先	提出時期	完了日
1	[社会保険] 健康保険・厚生 年金保険喪失	□健康保険・厚生年金保険 被保険者資格喪失届 ※本人・家族の健康保険証	年金 事務所	5日 以内	／
2	[社会保険] 健康保険任意継 続加入	□健康保険 任意継続被保険者資格取得申出書 ※扶養を証明する書類	協会 けんぽ	20日 以内	／
3	[雇用保険] 雇用保険喪失	□雇用保険 被保険者資格喪失届 ※労働者名簿等	ハロー ワーク	10日 以内	／
4	[雇用保険] 雇用保険離職票 発行	□雇用保険 被保険者離職証明書 ※退職届、出勤簿、賃金台帳等	ハロー ワーク	10日 以内	／
5	[所得税] 源泉徴収票発行	□給与所得の源泉徴収票	－	1カ月 以内	／
6	[労働基準法] 退職証明書発行	□退職証明書	－	遅滞なく	／
7	[労働基準法] 退職金の支払い	□退職所得の受給に関する申告書	－	規程による (7日以内)	／

定年・再雇用のケース

CASE 26 | 定年・再雇用時の 同日得喪の手続きを忘れていた！

Q 当社の定年は 60 歳であり、その後は労働条件を見直し、嘱託社員として再雇用を行っています。今回、定年となったある従業員が、再雇用に際して給与が大幅に下がったにもかかわらず、社会保険（健康保険・厚生年金保険）の同日得喪の手続きを忘れていました。どうすればよいでしょうか？

....

A 同日得喪は、任意の届け出であるため行っていなくても問題にはなりませんが、従業員や会社の社会保険料の負担が軽減されるため、さかのぼって届け出ることを検討しましょう。今後はチェックリストを活用し、漏れを防ぎましょう。

これだけは押さえたい！

　60 歳以降で定年退職等の後に再雇用され、給与額が見直されるときには、いったん、社会保険（健康保険・厚生年金保険）の被保険者資格を喪失し、新たな給与額で被保険者資格を取得することで、算定基礎や月額変更以外でも標準報酬月額を見直すことができます。この届け出は、同じ日付で資格取得と資格喪失を行うことから「同日得喪」と呼ばれており、従業員が 60 歳以降のとき、特例として利用できる制度です。そのため、手続きの際に添付書類として、「就業規則や退職辞令の写し等の退職したことが分かる書類および継続して再雇用されたことが客観的に判断できる書類（雇用契

図表6-5　継続再雇用に関する事業主の証明の書式

継続再雇用に関する証明書

　弊社の60歳以上の従業員について、以下のとおり退職日の翌日をもって継続再雇用したことを証明します。

[退職・再雇用した従業員]
住所 _____

氏名 _____　年齢　　　　歳

[退職日] 　　　　　　年　　　月　　　日

[再雇用日] 　　　　　年　　　月　　　日

[証明者]
事業所所在地 _____

事業所名称 _____

事業主氏名 _____

電話番号 _____

　　　　　　　　　証明日　　　　年　　　月　　　日

資料出所：日本年金機構ホームページのものを一部改変

約書、労働条件通知書等）」または「事業主の証明」（以下まとめて「継続再雇用が分かる書類」）が必要になります。

　事業主の証明は、特に書式に指定はありませんが、退職した日、再雇用となった日が記載されたものが必要となります。なお、日本年金機構は、図表6-5の書式を例として公開しています。

　また、定年退職後の再雇用制度では、有期契約となって1年以内ごとに契約更新を繰り返すケースが多いですが、同日得喪は定年退職後の再雇用時のみではなく、このような契約更新時に給与額が見直されるたびに利用できます。

何をすべきか〜リカバリー策

　同日得喪は、月額変更とは異なり、任意の届け出であり、届け出ることでメリットとデメリットがあることを認識しておく必要があります。

　例えば、在職老齢年金を受けている場合には、同日得喪により標準報酬月額が下がることで年金の支給停止額が変更され、受給できる年金額が増えることがあります。これは、従業員にとってメリットです。

　反対に、健康保険の傷病手当金を受給することが見込まれる等の理由があれば、同日得喪により標準報酬月額が下がることで傷病手当金の1日当たりの支給額も引き下がり、傷病手当金の受給額が減る可能性があります。こちらは、従業員にとってデメリットになります。

　このケースのように届け出が遅れたときには、継続再雇用が分かる書類のほかに賃金台帳や出勤簿等の写しの添付が求められることがあります。その際、当然ながら、継続再雇用が分かる書類と、追加で提出する賃金台帳や出勤簿等の内容が一致しているか、資格取得届に記載する報酬の額に相違がないかを、提出前に確認することが必要です。

　なお、手続きの時効は該当した日から2年であるため、2年を超えてさかのぼっての手続きは認められません。

今後のために〜防止・改善策

　このケースでは、定年後の再雇用時に行わなければならない手続きを網羅的に把握していなかったことに根本的な原因があると考えられます。

　特に定年退職時には、再雇用を希望する人としない人が発生する

ため、離職票の発行や健康保険の任意継続制度の説明のほか、この
ケースのような同日得喪の手続き等もあって、対応が複雑になりが
ちです。

　そのため、実際に定年退職する場合と、定年退職後に再雇用する
場合とに分けて、図表 6-6 のようなチェックリストで管理するとよ
いでしょう。定年退職する場合は、**CASE25** の退職手続きチェッ
クリストを参考に、必要な項目があれば追加する方法が考えられま
す。なお、このチェックリストは 60 歳定年が前提になっているこ
とから、65 歳定年などの場合にはアレンジが必要です。

図表 6-6　60 歳定年到達時（再雇用）チェックリスト

<table>
<tr><td colspan="9" align="center">**60 歳定年到達時（再雇用）チェックリスト**</td></tr>
<tr><td rowspan="2">社員番号</td><td rowspan="2"></td><td>（ふりがな）</td><td colspan="3"></td><td rowspan="2">性　別</td><td colspan="2" rowspan="2">男・女</td></tr>
<tr><td>氏　　名</td><td colspan="3"></td></tr>
<tr><td>生年月日</td><td colspan="2">年　　　　月　　　　日</td><td>定年退職日</td><td colspan="5">年　　　　月　　　　日</td></tr>
<tr><td>社会保険</td><td colspan="2">加入：有・無→加入：有・無</td><td>雇用保険</td><td colspan="5">加入：有・無→加入：有・無</td></tr>
</table>

No.	内　　容	必要書類・手続き等
1	［社会保険］ 健康保険・厚生年金 保険喪失	□健康保険・厚生年金保険 被保険者資格喪失届 ※本人・家族の健康保険証
2	［社会保険］ 健康保険・厚生年金 保険加入 （同日得喪）	□健康保険・厚生年金保険 被保険者資格取得届 □健康保険被扶養者(異動)届(扶養ありの場合) ※就業規則・労働条件通知書等
3	［雇用保険］ 雇用保険 60 歳到達 時賃金登録	□雇用保険被保険者六十歳到達時等賃金証明書 ※出勤簿、賃金台帳等
4	［労働基準法］ 退職金の支払い	□退職所得の受給に関する申告書
5	［労働基準法］ 労働条件通知書交付	□労働条件通知書

高年齢雇用継続給付の申請を忘れていた！

Q 当社では、60歳で定年となった後も、再雇用制度を利用して勤務することができますが、現在の再雇用制度では、労働時間を短縮するのに伴い定年前より給与額が減ることになっています。

先日、定年となった従業員に対し、本来であれば労働時間を短縮するところ、業務引き継ぎの都合でやむなく3カ月間だけこれまでと同じ労働時間とし、給与額を減らさない例外的な扱いをしました。その後、労働時間を短縮して給与額が減ったため、高年齢雇用継続給付が支給申請できる状況になっていたのですが、6カ月間、その申請を忘れたままでいました……。

A 高年齢雇用継続給付の時効は2年であるため、速やかにハローワークの指示に基づき、さかのぼって申請を行いましょう。今後は従業員自身の給付に対する意識を高めるほか、不支給であっても申請を行うといった対応が考えられます。

これだけは押さえたい！

　高年齢雇用継続給付には、基本手当を受給していない人を対象とする「高年齢雇用継続基本給付金」と、基本手当を受給し再就職した人を対象とする「高年齢再就職給付金」がありますが、一般的に、申請の多い「高年齢雇用継続基本給付金」を指して「高年齢雇用継続給付」と呼んでいます（以下、同様の扱いとします）。

　高年齢雇用継続給付は、60歳以上65歳未満の各月の給与額が

60歳時点（60歳で支給要件に該当したときに限ります）の給与額の75％未満に低下した場合、その低下率に応じた額が従業員本人に支給されます。自動的に支給されるわけではなく、被保険者期間が一定以上あるといった要件を満たした被保険者について申請することで支給されるほか、この支給額の計算の基礎となる給与額には上限額が設けられています。

何をすべきか〜リカバリー策

1. 高年齢雇用継続給付の申請

　高年齢雇用継続給付の初回の申請期限は、支給対象月の初日から起算して4カ月以内となっています。2回目以降はハローワークが支給申請月を指定することになっており、具体的には2カ月に1回、指定された月に、その直前2カ月分を申請します。

　当然ながら、高年齢雇用継続給付は、指定月の申請期限内に手続きを行うことが原則ですが、これに遅れた場合であっても、時効の範囲内であれば手続きが可能です。時効の起算点と終点は、支給対象月の末日の翌日から起算して2年を経過する日です。このケースのように申請漏れが判明したときには、その時点で速やかに手続きを行うことが求められます。

　申請期限を過ぎた場合も、手続き自体は通常の申請書により行いますが、申請書に記載できる支給対象月は最大3カ月分しかないため、これを超えてさかのぼる場合には、所轄のハローワークの指示に従って申請書を作成することになります。添付書類は通常の申請と同様、賃金台帳や出勤簿等ですが、所轄のハローワークによっては追加書類の提出を求められることがあるため、事前に相談の上、指示された対応を確実に行うとよいでしょう。

　ちなみに、高年齢雇用継続給付は申請が義務づけられたものでは

ないため、仮に申請を行わなかったとしても会社に不利益が生じる
わけではありませんが、給与額が下がった従業員にとっては貴重な
給付金であることから、欠かさずに申請しておきたいものです。

2. 老齢年金との併給調整

　さかのぼって高年齢雇用継続給付の手続きを行うときには、支給
対象となる従業員への説明が重要です。

　高年齢雇用継続給付は、非課税の収入となるため、たとえ長い期
間をさかのぼって手続きし、一時的に収入が増えたとしても、所得
税や住民税の額には影響しません。ただし、厚生年金保険の被保険
者が老齢年金（特別支給の老齢厚生年金・繰り上げ支給の老齢厚生
年金［報酬比例部分］・特別支給の退職共済年金）を受給している
場合で、高年齢雇用継続給付が支給されるときには、最高で標準報
酬月額の6%に当たる額の老齢年金が支給停止となる仕組みがあり
ます。

　詳しい説明は省きますが、高年齢雇用継続給付がさかのぼって支
給された場合には、支給期間に応じた老齢年金の併給調整もさかの
ぼって行われます。つまり、高年齢雇用継続給付を受けることによっ
て、老齢年金が支給停止となり、いったん受給した年金の返金が求
められる可能性があることを従業員に伝えなければなりません。

3. 2025年4月からの給付率の引き下げ

　現行の高年齢雇用継続給付の給付率は、60歳以後の各月の賃金
の最大15%となっていますが、2025年度から新たに60歳となる
被保険者については、最大10%に引き下げられることが決まって
います。本書執筆時点では詳細の内容が公表されていませんので、
今後の情報を継続的に確認していきましょう。

1. 従業員本人への通知による意識づけ

　このケースでは、会社が 60 歳時点の給与額等を記録・管理しておき、指定された支給申請月に給付の対象となるかを確認することで、ミスや漏れを防止することができます。ただし、60 歳以降の継続再雇用者が増加する一方、同一労働同一賃金の観点から 60 歳以降の給与額の引き下げを緩やかにするケースや、60 歳から 65

図表 6-7　60 歳到達時賃金登録完了のお知らせ（例）

年　　月　　日

○○○○殿

総務部長　　○○○○

60 歳到達時賃金登録完了のお知らせ

　今回、貴殿が 60 歳になったことに伴い、雇用保険の 60 歳到達時の賃金登録を行いました。その結果を下記のとおりお知らせします。なお、60 歳以降に労働条件を見直し、給与額が減少した場合には、減少した給与を補うための給付金が雇用保険から支給されることがあります。

記

1．60 歳到達時賃金額

　　○○○○円

2．高年齢雇用継続給付の支給限度額

　　364,595 円（○年 8 月 1 日現在、毎年 8 月に見直されます）

　　※ 毎月の給与額（総支給額）がこの額を下回った場合には、手続きをすることで高年齢雇用継続給付金が支給されることがありますので、総務部までお申し出ください。

以上

歳へと老齢年金の支給開始年齢が引き上げられることで、60歳以降も給与額を引き下げないケースが増えていることを考えると、確認する対象者が多くなり、手間もかなり多くなることが想定されます。

このような背景のほか、高年齢雇用継続給付は従業員本人が受給できるものであることを考えると、会社がすべてを管理するのではなく、図表6-7の「60歳到達時賃金登録完了のお知らせ」を用いて従業員に通知し、意識づけしておく方法が考えられます。

2. 不支給が判明しているときの対応

高年齢雇用継続給付は、60歳時点よりも給与額が一定以上低下したときに支給されるものであるため、このケースのように60歳以降も給与が減額されない場合や、給与額が60歳時点の給与額の75%以上である場合には申請しても支給されないことから、申請をしない選択もあります。

一方で、申請を行って不支給となったときには、「高年齢雇用継続給付不支給決定通知書（被保険者通知用）」が交付され、その事実が客観的に分かることから、申請さえしておけば、従業員からの「高年齢雇用継続給付の支給対象ではなかったのか」といった後日の問い合わせにも明確に対応できます。申請書類の作成や提出にかかる手間は継続的に発生しますが、不支給が前提であっても申請をすることで、支給の対象となったときの手続きの漏れを防ぐための方策になるかもしれません。

第7章

こんなときどうする !?

事業所における手続き

事業所設立のケース

CASE 28 | 新しい営業所を開設したのに、社会保険の手続きを行っていなかった！

Q 当社は卸売業を営んでいます。これまで本社のみで業務を行ってきましたが、営業の強化が必須と判断し、2カ月ほど前に営業所を新規に開設し、正社員4名（うち1名は営業所長）とパートタイマー1名が本社から異動となりました。当面は、この体制で営業に特化することから、人事労務管理や給与計算等の事務処理はすべて本社で行っていますが、社会保険の手続きを何も行っていないことに気がつきました。何かやるべきことがあったのでしょうか？

A 労働保険と雇用保険の適用手続きが必要になるため、速やかに届け出を行いましょう。今後、新規に営業所を開設するときには、必要な届け出を一覧表で確認して漏れなく行いましょう。

これだけは押さえたい！

1. 社会保険・労働保険の適用単位

　社会保険は「事業所」を単位として、労働保険は「事業」を単位として適用されます。

　社会保険における事業所とは、原則として工場、事業所、店舗その他事業の行われる一定の場所を指しており、被保険者に対する人事、労務および給与の管理（人事管理等）が行われている事業所で適用することになっています（平18.3.15　庁保険発0315002号）。

労働保険の事業（継続事業）とは、同一場所にあるものは分割することなく一の事業とし、場所的に分離されているものは別個の事業として取り扱うことになっています。この際、場所的に独立しているものであっても、出張所、支所、事務所等で労働者が少なく、組織的に直近の事業に対し独立性があるとは言い難いものについては、直近の事業に包括して全体を一の事業として取り扱うとなっています（昭 57.10.22　基発 678 号・発労徴 72 号）。

　なお、農林水産業・建設業は異なる取り扱いがあり、建設の事業や立木の伐採の事業等、事業の期間が予定される事業は「有期事業」として扱われますが、ここではこれらの説明を割愛します。

2. 労働保険の継続事業の一括と雇用保険の非該当承認

　労働保険の適用単位は「事業」ですが、以下のすべての要件を満たしたときには労働局長の認可を受けることで、本社など事務を包括する事業において、複数の事業の保険料の計算・納付を一括してできる制度（以下、継続事業の一括）があります。

①労働保険料をまとめて納付することになる事業（指定事業）と指定事業に一括される事業（被一括事業）の事業主が同一であること

②指定事業・被一括事業で保険関係が成立していること

③指定事業・被一括事業について、労災保険率表による事業の種類が同じであること

④指定事業・被一括事業について、保険関係区分（労災保険と雇用保険が一元適用なのか、別々の適用なのかの区分）が同一であること

　継続事業の一括の取り扱いが認められたときでも、保険料の計算・納付を一括するだけであり、事業の単位が変わるわけではありません。また、雇用保険の被保険者等の手続きをする事業の単位も変更

されません。

　なお、雇用保険では、事業の規模が小さく、一定の要件の下、独立した事業所と認められないときは、適用事業には該当しないとして承認を受けることで、直近上位の主たる事業所において一括して雇用保険の被保険者等の手続きを行うことができます（雇用保険事業所非該当承認）。

何をすべきか～リカバリー策

　このケースでは、開設した営業所が社会保険の事業所および労働保険の事業の単位として、どのように取り扱うべきなのかを整理し、対応を進めることが求められます。

1. 社会保険の取り扱い

　人事労務管理や給与計算等の事務処理はすべて本社で行っているため、社会保険は本社の被保険者として処理することで問題ないと判断できます。このケースでは、これまで、営業所において社会保険の手続きをしていないようですので、異動前のまま本社の被保険者である状態が継続していると思われるため、営業所を開設したことであらためて行う手続きはありません。

　なお、詳細は割愛しますが、本社、営業所ごとに社会保険の適用事業所となっている場合で、本社で人事、給与等が集中的に管理されており、事業主が同一であるなど一定の基準を満たす場合には、本社を支社等も含めた一つの適用事業所とする「一括適用」の申請ができる制度もあります。

2. 労働保険の手続き

　営業所が正社員・パートタイマーを含めて5名で構成されており、営業所長がいることを考えると、労働保険に関しては、独立性があると判断され、一事業と判断される可能性が高いと思われます。

　本来であれば、営業所で従業員が働き始めた日から10日以内に、「労働保険保険関係成立届」（以下、成立届）を労働基準監督署等に、「雇用保険適用事業所設置届」（以下、設置届）をハローワークに提出すべきことから、営業所で従業員が働き始めた日にさかのぼって、速やかにこれらの書類を提出する必要があります。成立届に添付書類はありませんが、営業所の開設が分かる賃貸借契約書の写し等が求められることがあるほか、設置届には登記事項証明書等を添付します。設置届は、成立届の後または同時に提出することとなっているので、提出する順番にも注意しましょう。

　成立届を提出するときには、営業所に異動した従業員の給与を基に「労働保険概算保険料申告書」を併せて作成し、概算保険料の申告・納付をします。ただし、このケースでは、本社で継続事業の一括の手続きが認められる可能性が高いことから、事務手続きの利便性を考慮した上で、成立届を提出する前に継続事業の一括の手続きの申請を検討しておきます。

　継続事業の一括を行ったときには、この営業所での概算保険料の申告・納付は不要となります。なお、このケースのように成立届の手続きが遅れた場合でも、継続事業の一括は可能です。

3. 雇用保険の手続き

　労災保険は無記名式の保険であるため、本社から営業所に異動したときであっても、従業員ごとの手続きはありません。

　雇用保険については、雇用保険の適用事業所として成立した営業所の被保険者とするため、「雇用保険被保険者転勤届」により、本

社から営業所への転勤という形をとります。この手続きは、設置届とともに、営業所で従業員が働き始めた日にさかのぼって提出します。なお、転勤届には、本社の雇用保険の被保険者として資格取得手続きをしたときに交付される「雇用保険被保険者資格喪失届」を添付します。

1. 事業所を起こしたときの手続き一覧

　事業（所）（社会保険の事業所と労働保険の事業をまとめて、「事業（所）」と表現します）を新規に起こしたときには、さまざまな社会保険の手続きが発生します。その一覧は、図表 7-1 のとおりですが、初めて事業（所）を起こすのか、今回のケースのようにすでに適用事業（所）があり、二つ目以降の事業（所）を起こすのかによっても手続きが異なります。

図表 7-1　事業（所）を新規で起こしたときの社会保険手続き（主なもの）

届出内容		届け出先	書類
社会保険		年金事務所（健康保険組合）	・健康保険・厚生年金保険新規適用届 ・健康保険・厚生年金保険被保険者資格取得届 ・健康保険被扶養者（異動）届 ・国民年金第３号被保険者関係届
労働保険		労働基準監督署	・労働保険保険関係成立届 ・労働保険概算保険料申告書 ・労働保険継続事業一括認可申請書（継続事業の一括の場合）
	雇用保険	ハローワーク	・雇用保険適用事業所設置届 ・雇用保険被保険者資格取得届 ・雇用保険被保険者転勤届（異動の場合）

まずは、社会保険・労働保険における事業（所）として扱うべき規模であるかを判断してから、必要な手続きを進めることにしましょう。

2. 労働保険の成立状況の確認

　厚生労働省では、労働保険適用事業場が検索できるサイトをインターネット上に公開しています。このサイトでは、事業場のある都道府県と、事業主名・法人番号・所在地のいずれかを入力することで、継続事業の一括がされている事業も含め、労働保険の適用状況が分かるようになっています。新規に営業所を開設したときなどに、適用事業の手続きを行ったか否かが不明なときは、このサイトで現状を確認することができます。

　なお、所轄の労働基準監督署に労働保険の適用状況を照会することもできます。複数の事業所がある会社では、すべての事業で適切に労働保険関係が成立しているか、この機会に整理しておきたいものです。

3. 社会保険の適用状況の確認

　今回のケースとは直接関係しませんが、日本年金機構のホームページに「厚生年金保険・健康保険 適用事業所検索システム」があります。こちらも、事業所のある都道府県に加え、事業所名称や事業所所在地または法人番号を入力することで、社会保険の適用状況が分かるようになっています。

適用していない事業での労災事故発生時の費用徴収

　労災保険は、原則として一人でも従業員を雇ったときには、すべての事業で適用されることになっており、事業主自ら成立届を労働基準監督署に提出する必要があります。成立届を故意または重大な過失により提出せず、その期間中に業務災害・通勤災害が発生して労災保険から給付を受ける場合には、事業主はさかのぼって保険料を徴収されるほか、給付に必要となった治療費等に相当する額の全部または一部を費用徴収されることになっています。

　大規模の業務災害・通勤災害が発生したときの治療費などに対する給付額はかなり大きく、その補償は当然に事業主が行わなければなりません。そのためにも、事業主の責務として当然に適正な手続きが求められます。

図表7-2　加入手続きを怠った際に費用徴収の適用となるケース

労災保険の加入手続きについて労働基準監督署等から指導等を受けたにもかかわらず、手続きを行わない期間中に業務災害や通勤災害が発生した場合	事業主が故意に手続きを行わないものと認定し、災害に関して支給された保険給付額の100%が徴収される
労災保険の加入手続きについて労働基準監督署等から指導等を受けてはいないものの、労災保険の適用事業となったときから1年を経過しても手続きを行わない期間中に業務災害や通勤災害が発生した場合	事業主が重大な過失により手続きを行わないものと認定し、災害に関して支給された保険給付額の40%が徴収される

CASE 29 | 労働保険の年度更新の賃金集計が間違っていた！

Q 約1年前に入社した従業員から、「雇用保険の被保険者番号を教えてほしい」との問い合わせがありました。そこで雇用保険の資格取得手続きの控えを探してみたところ見つからず、そもそも資格取得手続きをしていなかったことが判明しました。給与計算では、入社当初から雇用保険料を控除していたのですが、前回の労働保険の年度更新では、労災保険のみの対象として賃金集計を行っていたようです……。

A さかのぼって雇用保険の資格取得手続きを進めましょう。納付済みの確定保険料を修正する必要があるため、労働保険の年度更新のやり直しも必要です。今後は、年に1回程度、雇用保険の被保険者の資格取得状況を確認するとよいでしょう。

これだけは押さえたい！

　労働保険料は、毎年4月1日から翌年3月31日までの1年間（保険年度）を単位として計算・納付します。従業員の給与から控除する雇用保険料は従業員ごとに計算しますが、会社が納付する労働保険料は従業員ごとに計算するのではなく、会社におけるすべての労働者（雇用保険については、被保険者）の一保険年度に支給した給与の総額に、その会社の事業ごとに定められた保険料率を乗じて算出します。なお、まれに年度途中に保険料率が変更になることがあ

りますが、そのような場合は変更になる前後に分けて給与の総額を集計することになるでしょう。

納付方法は、保険年度ごとに概算した保険料（概算保険料）を事前に納付し、保険年度末の給与の総額が確定した後に算出した保険料(確定保険料)と納付済みの概算保険料との精算を行うことになっています。この前年度の保険料を精算するための確定保険料の申告・納付と新年度の概算保険料を納付するための申告・納付の手続きを「労働保険の年度更新」（以下、年度更新）と呼び、毎年6月1日から7月10日までの間に行います。

このような仕組みであるため、年度更新のときには、前年度の月額給与別、賞与別、労災保険・雇用保険の被保険者別の賃金を集計した「確定保険料・一般拠出金算定基礎賃金集計表」（以下、賃金集計表）を作成します。この賃金集計表は労働基準監督署への提出は不要ですが、労働保険料の算出根拠となるため、3年程度は保管しておくことが望まれます。

何をすべきか〜リカバリー策

このケースでは、対応しなければならないことが二つあります。

一つ目は、雇用保険の資格取得手続きであり、本来の資格取得日にさかのぼって行います。具体的な方法は、**CASE1** と同様です。

二つ目が、確定保険料の計算のやり直しです。このケースのように、保険年度をまたいで資格取得手続きをさかのぼるときは、年度更新における確定保険料の賃金集計が正しく行われていたかを確認します。このケースでは労災保険のみを対象として扱っていたことから、雇用保険についても被保険者として扱った正しい賃金集計表を作成し、修正をした確定保険料で再度申告し、追加の保険料を納付します（労働保険の修正申告）。

修正のために労働基準監督署へ提出する書類には、主に次のような
ものがありますが、所轄の労働基準監督署によって、また修正す
る理由やその内容によって追加で書類の提出を求められることがあ
るため、修正申告の前に所轄の労働基準監督署に確認するとよいで
しょう。

- 年度更新の際に提出した「労働保険概算・確定保険料申告書」
  （以下、保険料申告書）の控えの写し
- 正しい給与額で集計を行い作成した修正後の保険料申告書
- 修正前後の賃金集計表
- 修正の対象となった被保険者の賃金台帳の写し

年度更新では、通常、5月末から6月初めに、納付済みの概算保
険料額等が記載された保険料申告書が労働基準監督署から届きます
が、労働保険の修正申告の場合には、白紙の保険料申告書を労働基
準監督署等から取り寄せて作成します。

労働保険料に関する時効は、申告の日の翌日から2年となってお
り、確定保険料の修正は通常2年度分を行うことができます。
反対に、申告の日から2年を超えたものについては、さかのぼっ
て修正できません。

なお、概算保険料は、あくまでも概算額であるため、**CASE30**
のように給与総額が大幅に増加・減少するような事例で申告する以
外は修正する必要はありません。

今後のために～防止・改善策

1. 被保険者台帳での資格取得・喪失状況の確認

資格取得手続きの漏れ防止策としては、入社したとき等、その手
続きが発生するときに確実に行うことが最大のポイントですが、併

せて年に１回程度、ハローワークから「事業所別被保険者台帳」（以下、被保険者台帳）を入手することにより、雇用保険の資格取得・喪失の手続きが適切に行われているかを確認することも考えられます。

　被保険者台帳は、その事業所における雇用保険の資格取得者が一覧になっており、被保険者の氏名、雇用保険被保険者番号、生年月日、資格取得日等が記載されています。そのため、会社が把握している被保険者と、被保険者台帳に載っている被保険者との突き合わせをし、資格取得・喪失の手続きに漏れがないかを確認するとよいでしょう。

　被保険者台帳は「事業所別被保険者台帳提供依頼書」等によってハローワークから入手できますが、ハローワークごとに依頼書の様式が異なることもあるので、所轄のハローワークの指示に従うとよいでしょう。

2. 年度更新時のチェックリストの活用

　1. の被保険者の資格取得・喪失状況は、できれば労働保険の年度更新のタイミングで確認しておくと、年度更新の賃金集計表の集計誤りを防ぐことができます。

　ただし、労働保険の年度更新は１年に１回の処理であることから、確認事項を見落としがちです。そこで、毎年、漏れなくチェックができるように図表 7-3 のようなチェックリストに従い、賃金集計や保険料の算出が正しく行われているかを確認した上で、申告・納付するようにしておきたいものです。

　また、本書では社会保険の算定基礎について取り上げていませんが、事業所における定例の手続きとして、算定基礎においても図表 7-4 のようなチェックリストを活用することをお勧めします。

図表 7-3　労働保険の年度更新チェックリスト

①労働保険の基本情報	Check
1　業種は昨年から変更がないか？	☐
2　昨年度中に役員の変更はないか？	☐
3　出向者(送出)の有無は確認したか？	☐
4　出向者(受入)の有無は確認したか？	☐

②被保険者	Check
1　兼務役員はいないか？	☐
2　雇用保険を取得すべき被保険者で、取得漏れが発生していないか？	☐
3　雇用保険を喪失すべき被保険者で、喪失漏れが発生していないか？	☐

③算定基礎賃金の集計(賃金集計表)	Check
1　労働保険の対象となる賃金は確認したか？(通勤手当・賞与等に注意)	☐
2　確定保険料の対象となる月は確認したか？	☐
3　雇用保険未加入のパートタイマー等の賃金は、労災保険のみ対象の賃金額としているか？	☐
4　出向者(送出)の賃金額を出向先に連絡したか？	☐
5　出向者(送出)の賃金額は、労災保険・一般拠出金の対象となる賃金額から除外されているか？	☐
6　出向者(受入)の賃金額について、出向元から連絡を受けたか？	☐
7　出向者(受入)の賃金額は労災保険・一般拠出金の対象となる賃金額のみ算入し、雇用保険の対象となる賃金額に算入していないか？	☐
8　兼務役員は労働者分の賃金のみを集計しており、役員分の報酬は除外しているか？	☐
9　申告書へ転記する額は、集計項目それぞれの1000円未満を切り捨てにしているか？	☐

④申告書の記入	Check
1　常時使用労働者数・雇用保険被保険者数の記入はしたか？	☐
2　申告書の業種(番号)に誤りはないか？	☐

3	確定分の労災保険率・雇用保険率は正しいものになっているか？	☐
4	概算分の労災保険率・雇用保険率は正しいものになっているか？	☐
5	賃金集計表からの賃金額等の転記に誤りはないか？	☐
6	概算保険料の賃金総額の見込額が確定保険料の賃金額の1/2以上かつ2倍以下の場合、概算保険料の賃金は確定保険料の賃金と同額になっているか？	☐
7	保険料の計算は誤っていないか？（1円未満の端数は切り捨て）	☐
8	一般拠出金は計算したか？（確定分のみを納付）	☐
9	延納の申請は延納できる額で行っているか？ （一元適用：40万円以上、二元適用：20万円以上で延納可能）	☐
10	延納の申請回数は記入したか？	☐
11	申告書に記載された申告済み概算保険料額は、原則昨年度の申告額と一致しているか？	☐
12	充当額・還付額・不足額の考え方は間違っていないか？	☐
13	還付額がある場合は別途還付請求の手続きを準備したか？	☐
14	延納を選択した場合、概算保険料の端数は第1期での納付になっているか？	☐
15	法人番号を確認し、記載したか？	☐
16	事業の名称等の記載をしたか？	☐
⑤納付書の記入		Check
1	申告書からの金額の転記に誤りはないか？	☐
2	一般拠出金の転記は行ったか？	☐
⑥雇用保険料控除チェック		Check
1	雇用保険の加入者と給与から雇用保険料を控除している人は一致しているか？	☐
2	兼務役員は労働者分の賃金のみが雇用保険料の対象となっているか？	☐

図表7-4　社会保険の算定基礎チェックリスト

①社会保険の基本情報	Check
1　給与の支払日や昇給月に変更はないか？	☐

②被保険者	Check
1　7月1日現在の被保険者（6月1日以降に資格取得した人を除く）が全員分記載されているか？	☐
2　被保険者の生年月日は正しいものが印字されているか？	☐
3　労働時間数・労働日数から判断して資格取得すべき人はいないか？	☐
4　労働時間数・労働日数から判断して資格喪失すべき人はいないか？	☐
5　一般と短時間労働者の被保険者区分は正しいものになっているか？	☐

③-1 届け出の記載［報酬月額の記載］	Check
1　4月・5月・6月の各月に記載されている報酬は、各月に支払われた給与となっているか？	☐
2　社会保険料の対象となるすべての給与を記載しているか？（通勤手当・食事手当等注意）	☐
3　定期券等を現物で支給している場合、金銭に換算した額を［現物によるものの額］欄に記載しているか？	☐
4　食事・住宅を現物で支給している場合、都道府県の標準価額により算定した額を［現物によるものの額］欄に記載しているか？	☐
5　1年に4回以上の賞与を支給している場合には、賞与の合計額の12分の1を4月・5月・6月に上乗せして記載しているか？	☐

③-2 届け出の記載［給与計算の基礎日数の記載］	Check
1　月給者は各月の支払いの対象となった暦日数を記載しているか？	☐
2　日給者・時給者は支払いの対象となった実日数を記載しているか？（年次有給休暇・休日出勤等は日数に含める）	☐
3　月給者で欠勤控除がある（欠勤日数分が給与から控除される）場合、就業規則等で定められた基礎日数から欠勤日数分が引かれているか？	☐

③-3 届け出の記載［合計の記載］	Check
1　支払基礎日数が17日未満の月は、給与の額について合計した上で総計から除外しているか？	☐
2　パートの場合で4月・5月・6月のすべての月の支払基礎日数が17日未満の場合、15日以上の月を対象として合計しているか？	☐
3　短時間労働者について支払基礎日数が11日以上の月を対象として合計しているか？	☐

③-4 届け出の記載［平均額の記載］	Check
1　正社員・パートについて支払基礎日数17日以上の月の平均額を記載しているか？	☐
2　短時間労働者について支払基礎日数11日以上の月の平均額を記載しているか？［特定適用事業所］	☐

3	パートの場合で4月・5月・6月のすべての月の支払基礎日数が17日未満の場合、15日以上の月の平均額を記載しているか？		☐
4	一般と短時間労働者の月が混在している場合、4月・5月・6月の各月で対象となる月か判断しているか？		☐
5	4月・5月・6月に一時帰休（休業）による休業手当が支払われている場合、7月1日時点の一時帰休の状況に応じて平均額（修正平均額）を記載しているか？		☐

③-5 届け出の記載［修正平均額の記載］		Check
1	3月以前の昇給分の差額が4～6月中に遡及して支給された場合、3月以前の遡及額は除いて記載しているか？	☐
2	給与の支払対象となる期間の途中に入社した場合には、途中入社月を除外して修正平均額としているか？	☐

③-6 届け出の記載［備考の記載］		Check
1	パートの場合、「パート」を○で囲んでいるか？	☐
2	短時間労働者の場合、「短時間労働者」を○で囲んでいるか？	☐
3	一般と短時間労働者の月が混在している場合、「短時間労働者」を○で囲み、「その他」欄に変更月と変更後の区分を記載しているか？	☐
4	休職している被保険者は「病休・育休・休職等」を○で囲み、「その他」欄に休職等の開始月日を記載しているか？	☐
5	4月・5月・6月に資格取得した被保険者は「途中入社」を○で囲み、取得日を記載しているか？	☐
6	1年に4回以上の賞与を支給している場合、賞与支払月とその名称のほか、「その他」欄に各月に上乗せした金額を記載しているか？	☐
7	遡及の支払いがあった場合、遡及支払額を記載し、修正平均額に遡及支払額を除いた額を記載しているか？	☐
8	8月・9月の月額変更に該当する被保険者は、「月額変更予定」を○で囲んでいるか？	☐

④年間平均の判断		Check
1	4～6月の平均と前年7月～当年6月までの平均で2等級以上の差がある被保険者はいないか？	☐
2	年間平均を行う被保険者は申立書と同意書等を準備したか？	☐

⑤その他		Check
1	70歳以上の被用者で二つ（2人分）の項目があるときは、両方の項目を記載したか？	☐
2	7月月額変更の月額変更届を作成したか？	☐
3	過去の月額変更の手続き漏れはないか？	☐

⑥社会保険料控除チェック		Check
1	給与から控除している社会保険料の標準報酬月額と算定基礎届に記載されている標準報酬月額は一致しているか？	☐
2	給与から控除している社会保険料の料率は正しいものになっているか？	☐

CASE 30 | 労働保険の年度更新の結果、労働保険料の不足額が大きくなってしまった！

Q 当社では、労働保険料を３回に分けて納付しています。今年度の労働保険の年度更新において労働保険料を計算したところ、７月10日までに納付しなければならない労働保険料が、昨年度の３回目に納付した保険料の５倍にもふくれあがっているのが分かりました。残業代の増加と採用者数の増加による給与総額の上昇が原因のようです。経理担当者に報告したところ、「人件費が増えているのに加えて労働保険料が５倍になるなんて、資金繰りにも影響するではないか」と言われてしまいました……。

A 人件費が増えたことで、申告済みの概算保険料よりも支払うべき保険料がかなり多くなったことが予想されます。翌年度も同様の問題が発生しないように、毎月、給与の総額を確認するようにし、必要に応じて増加概算保険料の申告を検討しましょう。

これだけは押さえたい！

労働保険の年度更新では、

①当年度の労働保険料の概算額（概算保険料）

②前年度に申告・納付した概算保険料と実際に支給した前年度の給与の総額により算出した確定保険料の差額（以下、概算保険料と確定保険料の差額）

の二つを合わせて納付する仕組みになっています。

口座振替をしていない場合の納期限はその年の７月10日ですが、一定の要件を満たした場合、第１期が７月10日、第２期が10月

労働保険料の第1期の納付額が特に大きくなる事例

　会社が急成長し、従業員が1年間で2倍以上に増えたときなどには、労働保険料の第1期の納付額が特に大きくなります。図表7-5のように、2022年度の概算保険料として300万円を納付したところ、2022年度が終わり、確定保険料を計算すると2倍の600万円になっていたようなケースです。

　労働保険料の延納は、概算保険料のみが対象になっています。つまり、概算保険料と確定保険料の差額は延納できないことから、図表7-6のように7月10日までの納付が求められるため、概算保険料と確定保険料の差額が大きいときには、7月10日までの納付額が増加することになります。なお、口座振替により労働保険料を納付するときは、9月6日が第1期の口座振替納付日となります。

図表7-5　確定保険料が急増する例

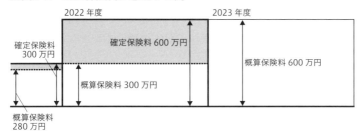

図表7-6　第1期の納付額が特に大きくなる場合（例）

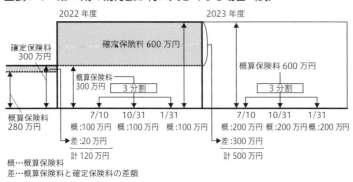

概…概算保険料
差…概算保険料と確定保険料の差額

31日、第3期が翌年1月31日と、3回に分けて納付（延納）することができます。

何をすべきか～リカバリー策

年度更新における労働保険料の申告・納付では、概算保険料と確定保険料の差額を延納する仕組みがないため、この差額については7月10日までに全額を納付しなければなりません。また、概算保険料を延納するときには、同じ割合で3分割（端数を除く）することから、7月10日までに納付する額を他の納期よりも少なくすることはできません。これを踏まえて、今後の対応策を考えておく必要があります。

一つの策として、納付額は変えられないものの、現金での納付を口座振替での納付に切り替えることが考えられます。労働保険料の納付は、納付書により金融機関の窓口で行うほか、口座振替に切り替えることができますが、これにより、下表のように第1期については通常の納期より約2カ月のゆとりができることから、納付までの資金繰りに対して何らかの対応ができるかもしれません。このケースでは口座振替申込日がすでに到来しているため、第1期の変更はできませんが、今後を見据えた対策にはなるはずです。

納期	全期・第1期	第2期	第3期
通常の納期限	7/10 ↕ 最大2カ月のゆとり!	10/31	1/31
口座振替納付日	9/6	11/14	2/14
申込み締め切り日	2/25	8/14	10/11

口座振替は手数料がかからないほか、一度手続きを行えば、次期以降も継続となるので納付を忘れることもなく便利です。注意点と

して、口座振替とした場合、年度更新の申告書は金融機関を通しての提出ができないことから、労働基準監督署等に出向いて提出するか、郵送での提出が必要になります。ちなみに、電子申請をした場合、納付方法にかかわらず申告書の提出のために出向いたり郵送したりする手間はありません。

　なお、実務上、7月10日までの納付額を少なくするために、その年度の概算保険料額を少なくするといったことを検討するケースもありますが、結果として翌年度の概算保険料と確定保険料の差額が大きくなり、問題を先送りするだけになりかねないので、十分注意しましょう。

 今後のために～防止・改善策

1. 毎月の給与総額をチェックする

　労働保険の年度更新は年に1度であるため、申告書が届くタイミングで賃金集計をする会社が多くあると思います。その結果、給与総額の大幅な増加をあらかじめ数字として把握することが難しく、年度更新のときに概算保険料と確定保険料の差額が大きくなってしまったことに気づくという事態も発生しかねません。

　そうならないためには、毎月、給与計算が終わったタイミングで賃金集計を行い、賃金集計表を作成することにより、給与総額を毎月確認しておくことが考えられます。

　給与計算ソフトによっては、従業員ごとの情報を整備しておくことで、「労災保険対象の従業員の賃金」「雇用保険対象の従業員の賃金」という集計を年度の中途でも行えるものもあることから、このような機能を利用すれば、随時、納付する保険料額の確認もでき、集計の手間も少なくなります。

2. 増加概算保険料の申告・納付を活用する

　いったん納付した概算保険料についてその後一定額の増加が見込まれるときには、保険年度の中途に、年度更新とは別に増加概算保険料を申告・納付します。増加概算保険料の申告・納付とは、給与総額の見込額が当初の申告より2倍超となり、かつ、その給与総額で計算した概算保険料の額が申告済みの概算保険料よりも13万円以上増加する場合に、その増加額を申告・納付する制度です。

　このように、増加概算保険料を申告・納付することによって申告済みの概算保険料を増加しておけば、当然ながら概算保険料額と確定保険料額の差額は小さくなり、7月10日までに納付すべき額も小さくなります。

　そのため、毎月の給与総額が大幅に増えるようなことがあるときには、増加概算保険料の申告・納付要件に該当するかの確認をしておくとよいでしょう。

　なお、給与総額が「当初の申告の2倍超」等の要件には該当しないものの、大幅に増加するケースも見受けられます。実務上、上記の要件に該当しないときでも増加概算保険料の申告は受理されることが多いため、給与総額が著しく増加しているようなときには、所轄の労働基準監督署に相談することをお勧めします。

社会保険の加入漏れのケース

CASE 31 | 社会保険の調査でパートタイマーの加入漏れを指摘されてしまった！

Q 先日、年金事務所から社会保険の調査の案内が届きました。当社にとって初めての調査でしたが、恒常的に残業が発生しているパートタイマーの一部に、社会保険に加入する要件に達している者がいるとの指摘を受けました。資格の取得手続きを行うように指導されたのですが、どのように進めればよいのでしょうか？

A 加入要件を満たしていれば、パートタイマーも当然、社会保険に加入しますので、実態を確認の上、速やかに手続きを進めます。加入対象となるパートタイマーへの説明を忘れずに行うとともに、今後は全社的に社会保険の加入要件を浸透させましょう。

これだけは押さえたい！

　年金事務所による適用事業所に対する調査は、①総合調査、②事故調査、③特別調査、④定時決定時調査——の四つに分類されます。

　それぞれ、調査の目的が異なりますが、最も多いとされる①の総合調査では、被保険者の資格の取得、喪失および報酬等の届け出状況、被扶養者の認定および保険料控除について、確認が行われます。

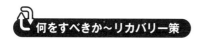

1. 実態で判断される社会保険の加入要件

　このケースでは、雇用契約上は社会保険の加入要件を満たしていなかったパートタイマーが、実態では加入要件を満たしていることから、資格を取得するよう指導を受けたと想像します。

　社会保険の加入は、まずは入社時等に締結する雇用契約の内容により加入要件を満たしているか判断し、手続きを進めます。

　一方で、パートタイマーであっても、雇用契約の内容を超える労働時間や労働日（いわゆる残業や休日出勤）が恒常的に発生することが見受けられます。このような場合は、実際の労働時間数や労働日数で加入要件を満たしているかを判断することから、連続する2カ月において、加入要件を満たし、引き続き同様の状態が続いているまたは続くことが見込まれるときは、加入要件を満たした月の3カ月目の初日に被保険者の資格を取得します（日本年金機構「短時間労働者に対する健康保険・厚生年金保険の適用拡大Q&A集（その2）（令和4年10月施行分）」）。

2. 社会保険の加入手続きの進め方

　加入要件を満たしているパートタイマーの資格取得の手続きをしていなかったという指摘に対しては、そのパートタイマーが実際に加入要件を満たしているのかを確認し、満たしていたときには手続きを進めることにします。

　加入の際には、社会保険の切り替え手続きをすることになり、社会保険料の負担が発生することもあるため、当然ながら対象となる従業員への事前説明が必要です。

　加入日（資格取得日）については、過去にさかのぼって加入するよう指導を受けることもあれば、調査の日以降に加入するよう指導されることもあります。

過去にさかのぼって加入することになると、加入日に応じて対象となる従業員から保険料をさかのぼって徴収するほか、健康保険を切り替える手続きが複雑になります。配偶者の会社において、健康保険の被扶養者が家族手当の支給基準とされているときには、対象となる従業員が配偶者の家族手当の支給基準に該当しなくなり、さかのぼって家族手当の支給対象から外れる場合もあることから、こうした影響も考えた上での慎重な説明が求められます。

　年金事務所の調査の場合、雇用保険の加入について指摘されることは通常ありませんが、雇用保険についても加入要件を満たしたのであれば被保険者となるため、社会保険の手続きと並行して必要な手続きを進めましょう。

　なお、関連する内容は、**CASE1・4**で説明しています。

今後のために〜防止・改善策

　今回のケースのような加入漏れを防ぐためには、勤怠の状況を毎月チェックする必要がありそうですが、本来は雇用契約の内容に従った勤務にするべきであり、恒常的に雇用契約の内容と実態に差異が出ているのであれば、雇用契約の内容を変更するのが妥当であることを念頭に置く必要があります。特にこのケースのように社会保険の加入要件を満たすか否かに違いが出てくると、従業員本人の収入に関連する影響も大きくなります。

　そのためには、従業員本人とその上司に社会保険の加入要件をあらかじめ理解してもらう必要があります。具体的には、図表 7-7 の「社会保険の加入要件の説明文」のような形で、従業員に周知する方法が考えられます。

　こうした策を講じつつ、次のような状況にある従業員が、算定基礎の際に社会保険の加入要件を満たしていないかを確認しましょ

図表 7-7　社会保険の加入要件の説明文（例）

年　　月　　日

従業員各位

総務部長　○○○○

社会保険の加入要件に関するお知らせ

　正社員のほかに、パートタイマー・アルバイトであっても、労働時間・労働日数によっては社会保険に加入することになります。下記のとおり、あらためてその要件を周知しますので、確認をお願いいたします。

記

1. 社会保険（健康保険・厚生年金保険）に加入する従業員
　①正社員
　　75 歳未満の正社員は全員加入します。ただし、70 歳以上 75 歳未満の従業員は、健康保険のみの加入となります。
　②パートタイマー・アルバイト
　　以下の A と B の両方の基準を満たした 75 歳未満の従業員は加入します。ただし、70 歳以上 75 歳未満の従業員は、健康保険のみの加入となり、学生のみなさまは、原則として加入しません。
　　　A：1 週間の労働時間…………20 時間以上
　　　B：1 カ月の給料……………8 万 8,000 円以上

2. 雇用保険に加入する従業員
　①正社員
　　正社員は全員加入します。
　②パートタイマー・アルバイト
　　以下の A と B の両方の基準を満たした従業員は加入します。ただし、学生のみなさまは、原則として加入しません。
　　　A：31 日以上の雇用見込みがある
　　　B：1 週間の労働時間が 20 時間以上

　労働時間数・労働日数には、残業・休日出勤分も含みます。細かな基準がありますので、不明点があれば、事前に総務部までお問い合わせください。

以上

う。

①社会保険の被保険者以外で4月～6月の支払基礎日数が11日(特定適用事業所以外の事業所の場合は15日) 以上の従業員

②1カ月の総支給額が9万円程度を超えている従業員

　②の9万円は、時給1000円に労働時間数90時間（1週20時間程度の労働）を乗じて勘案した金額であって、最低賃金が1000円を超えている地域もあることから、あくまでもチェック対象となる従業員を洗い出す目安と考えておきましょう。なお、特定適用事業所以外の事業所では12万円程度が目安になります。その他、社会保険に加入している従業員で、入社時等に締結した雇用契約の内容よりも労働時間数・労働日数が恒常的に少なくなり、加入要件を下回っていたというような、社会保険の資格喪失手続きをすべき事案も発生するので、併せて確認が求められます。

　ちなみに、被保険者資格に関する年金事務所の調査項目には、以下のようなものがあります。

- 資格取得の届け出漏れはないか（短時間労働者、外国人労働者、派遣労働者および老齢年金受給者に留意）
- 被保険者氏名、生年月日は正当に届け出られているか
- 資格取得年月日が雇入年月日と相違していないか（短期契約後の再雇用に留意）
- 偽装的雇用に基づく資格取得はないか（特に長期療養者で取得年月日と発病年月日が接近している者についての雇用関係、既往症等について）
- 二以上の事業所に使用される者については、その届け出を行っているか

著者紹介

宮武貴美（みやたけ・たかみ）
社会保険労務士法人 名南経営
特定社会保険労務士・産業カウンセラー
中小企業から上場企業まで幅広い顧客を担当し、実務に即した人事労務管理のアドバイスを行う。インターネット上の情報サイト「労務ドットコム」のメイン執筆者であり、人事労務分野での最新情報の収集・発信は日本屈指のレベル。社会保険労務士事務所 1600 事務所が加入する日本人事労務コンサルタントグループ（LCG）のコンテンツ作成担当でもある。
著書に『こんなときどうする!? PART2　社会保険・給与計算 "困った" に備える見直し・確認の具体例 20』（労務行政）、『書類・様式名からすぐ引ける 社会保険の手続きがひとりでミスなくできる本』『新版 総務担当者のための産休・育休の実務がわかる本』（共に日本実業出版社）などがある。

監修　税理士法人 名南経営

社会保険労務士法人 名南経営　ホームページアドレス
https://www.roumu.co.jp/
労務ドットコム　ホームページアドレス
https://roumu.com/

カバー・本文デザイン、DTP ／ ISSHIKI
印刷・製本／三美印刷株式会社

増補版
こんなときどうする!?
社会保険・給与計算 ミスしたときの対処法と防止策31

2018年8月6日　初版発行
2023年6月8日　増補版発行

著　者　　宮武貴美

発行所　　株式会社 **労務行政**
　　　　　〒141-0031 東京都品川区西五反田3-6-21
　　　　　　　　　　住友不動産西五反田ビル3階
　　　　　TEL：03-3491-1231
　　　　　FAX：03-3491-1299
　　　　　https://www.rosei.jp/